생리
공감

생리
공감

우리가 나누지 못한
빨간 날 이야기

김보람 지음

행성B

이 피로 태어난 모든 이에게

일러두기
가임기 여성의 자궁에서 주기적으로 피가 흘러나오는 몸의 활동을 이르는 말인 월경은 아주 오
랜 옛날부터 여성의 몸에서 일어나는 일을 금기시해 왔던 역사로 인해 왕왕 은어로 대체되었
다. 달거리, 멘스, 생리 등이 월경을 에둘러 지칭하는 말로도 쓰였다. 시간이 흘러, 인간의 몸에
서 일어나는 자연스러운 현상을 통칭하는 '생리'라는 단어가, '월경'이 사회·문화적으로 가졌던
의미를 함의하게 되었다. 따라서 이 책에서는 월경 대신 '생리'를 썼다.

우리는 '피' 자매

2017년 8월, 한 브랜드 생리대에서 유해 화학물질이 발견되었다는 기사가 떴다. 그 생리대를 쓰고 생리 주기가 갑자기 바뀌거나 양이 줄어드는 등 이상 증세를 겪은 여성들이 목소리를 내기 시작했다. 일회용 생리대를 쓰던 시절, 나는 문제의 브랜드를 즐겨 썼다. 무엇보다 값이 쌌고 아이러니하게도 한 여성의 웃고 있는 얼굴이 절반을 차지하는 포장이 마음에 들었다. 다큐멘터리를 만들며 여성 수십 명을 인터뷰했다. 그들 중 상당수가 즐겨 쓰는 생리대로 그 브랜드를 꼽았다. 향이 좋아서 쓴다는 여성도 있었다.

그날 밤, 나는 쉽게 잠들지 못했다. 무섭고 걱정되는 마음이 들어도 그 공포를 껴안고 잠에 들기 위해 오버나이트를 차야만 하는 누군가를 떠올렸다. 다음 날 아침 싫어도 집에 있는 생리대를 차고 학교와 일터로 나가야 할 누군가의 삶을.

금기시된 피 이야기

2016년 5월, 〈국민일보〉 인터넷 뉴스팀 박효진 기자가 '깔창 생리대' 기사를 썼다. 생리대 살 돈이 없어 신발 깔창이나 수건을 대신 사용한다는 내용이었다. 시민들은 물론 정치권에서도 그 기사에 충격을 받았고 우여곡절 끝에 (인증된) 저소득층에게 무상으로 한정된 생리대를 제공하는 제도가 부랴부랴 마련되었다. 박 기자는 그 기사로 인터넷 뉴스팀 기자 중 최초로 이달의 기자상을 받았다.

나는 운이 좋았다. 서른이 되기 전 사소한 대화가 계기가 되어 처음으로 내 몸의 일, 한 달에 한 번 일주일씩 흘리는 피에 대해 생각하게 됐다. 생각이 시작되자 변화가 필요하다고 느꼈고 때마침 내 몸에 딱 맞는 생리컵을 한번에 찾았다. 나는 그렇게 끊임없이 쓰고 버려야 하고 매번 값을 치러야 하지만 안정성은 검증받지 않은 일회용 생리대에서 탈출했다.

하지만 이 탈출은 비용과 시간을 필요로 했다. 모든 여성이 손쉽게 집 앞 편의점이나 약국에서 생리컵이나 면생리대를 살 수 있을 만큼 가격과 접근성이 보장되지 않는 한, 이 탈출은 여전히 특정 계층의 여성에게만 해당되는 신화로 남을 것이다.

생리는 몸의 일이다. 여성의 몸, 특별히 질 그리고 질에서 흘러나오는 피는 오랜 세월 금기시되었다. 말할 수 없는 것은 말하지 않는 것이 되고, 그것에 대한 경험은 공유되거나 기록되는 대신 잊히고 삭제된다. 이토록 오랜 시간 이 피를 금기시한 사회는 인구의 절반에 해당하는 사람들을 위험에 빠뜨렸다. 방치했다. 몸에서 흘러나오는 자연스러운 피를 창피하고 부끄러운 일로 만들었고 그 피를 처리하는 데 들어가는 노동과 비용 그리고 고통은 모두 여성 개인의 몫으로 남겨 뒀다.

생리에서 시작된 몸과의 화해

이 책은 지난 2년 동안 생리에 관한 다큐멘터리 영화 〈피의 연대기〉를 만들면서 내가 겪었던 지극히 개인적인 변화에 대한 기록이다. 책을 쓰는 지금 나는 만으로 서른 살이고, 이성애자이고, 여성이며, 프리랜서이다. 생리컵 사용 3년 차이며 일회용 생리대를 쓰지 않은 지는 만 2년이 됐다. 2년 동안 나는 나이와 직업이 다른 수많은 여성을 만났다. 그들 각자의 피 흘리는 방식과 경험과 기억에 관해 들었다. 그리고 면생리대, 해면 탐폰, 스펀지 탐폰, 울 탐폰, 생리컵, 여성용 콘돔 등 전 세계에 존재하는 거의 대부분의 생리용품을 구해 내 몸을 대상으로 실험했다. 때로는 단번에 성공했고 때로는 실패해 온 방바닥을 피로 물들였다.

영화를 찍기 전 나는 가슴이 작다는 것에 대해 강박적인 콤플렉스를 가진 사람이었고, 끊임없이 내 몸을 다른 여성의 몸과 비교하며 자조했다. 연인과의 관계에서 곧잘 자신감을 잃었고 그 자신감을 억지로 회복하기 위해 위험한 관계에 매달리기도 했다. 〈피의 연대기〉를 거의 마무리할 무렵 나는 샤워 후 거울에 비친 내 모습이 전처럼 싫지 않다는 사실을 알았다. 여전히 왜소하고 변한 게 없는 몸이었지만 내 눈에 들어온 그 몸은 어딘가 모르게 개성 있고 심지어 귀엽게까지 보였다. 처음으로 내 몸이 마음에 들었다.

생리랑 그게 도대체 무슨 상관이냐고? 내 몸에서 흐르는 피에 대해 공부하기 시작하면서 피 흘림의 역사를 추적하기 시작했다. 다른 여성들의 이야기를 수집하고, 수많은 용품을 생리 때마다 실험해 가면서 나는 점점 더 내 몸과 친숙해졌다. 이전까지 알지 못했던 질이라는 공간도 발견했다. 질이 단단한 근육이며 장보다 더 튼튼한 기관이라는 사실을 몸으로 깨우쳤다. 서로 원수지간처럼 지내던 마음과 몸이 2년에 걸쳐 서서히 공존할 자리를 찾아가게 된 것이다. 거울 앞에 선 나는 깨달았다. 아무것도 변한 게 없는데 모든 것이 변했다는 걸. 그 순간 이상한 희망이 움텄다. 타고난 몸과 동행하며 행복할 수 있는 방법을 찾을 수 있게 된 것 같았다.

우리는 서로 다른 경험과 역사를 지니지만 우리 모두 삶의 일정 기간 동안 '피 흘리는 존재'로 살아간다는 점에서 '피 자매'다. 〈피의 연대기〉를 관람한 50대 여성분은 이런 말씀을 하셨다.

"조금만 더 일찍 이 영화를 봤더라면, 나도 그렇게 살진 않았을 텐데."

이제 목소리들이 들려오기 시작한다. 아직 달라진 것은 아무것도 없다. 우리의 경험이, 우리의 기억이 더 많이 더 자세하게 기록되고 공유되어야 할 이유다.

감히 당신에게 이 책이 이상한 희망의 전조가 될 수 있기를 바란다.

차례

생리를 생리라
부르지 못하고

샬롯의 질문

✚

2015년 가을이었다. 그해 나는 별다른 목적 없이 영화제가 열리고 있는 부산에 갔다. 짧은 가을이 지나가고 겨울을 맞이하기 직전 낮은 여전히 뜨겁고 밤은 차가웠다. 그리고 그곳에서 우연히 네덜란드의 아시아 영화제 팀에서 온 샬롯 일행을 만났다. 우리는 샬롯의 아이디 카드를 이용해 매일 저녁 열리는 리셉션에 가서 공짜로 저녁을 먹었다. 저녁을 해결한 뒤엔 몰려다니며 산낙지, 오뎅, 회를 곁들여 술을 마셨다. 축제는 짧았다.

서울로 돌아온 뒤 한국을 떠나는 샬롯을 위해 송별회를 하기로 했다. 샬롯에게 무언가 특별한 선물을 하고 싶었다. 마침 외할머니가 만들어 주신 생리대 주머니가 떠올랐다. 요양원에 계신 할머니는 자투리 천을 모아 작은 주머니나 식탁보 등을 만들었다. 그걸 보고 사촌 동생이 생리대를 담아 다닐 주머니를 만들어 달라고 부탁했다. 할머니는 손녀들이 쓰고 남을 만큼 많은 주머니를 만들어 주셨다. 노란 바탕에 하얀색 꽃무늬가 은은하게 퍼져 있는 보기만 해도 예쁜 주머니였다.

환송회 날 저녁을 먹은 뒤 조심스레 선물을 꺼냈다. 선물을 받아든 샬롯은 마냥 기쁘고 놀란 얼굴이었지만 얼굴 한편으로 당혹감도 스쳤다. 작은 직사각형에 달랑 단추 하나만 달린 주머니를 어디에 써야 할지 모르는 눈치였다.

"생리대 주머니야. 생리대 가지고 다니는 거."

"생리대?"

샬롯의 의아한 표정에 나도 어리둥절해졌다. 생리대 몰라? 샬롯은 초경 이후 한번도 생리대를 써 본 적이 없다고 했다. 샬롯과 나는 1987년에 태어났다. 그리고 둘 다 열한 살에 초경을 맞았다. 초경 기간에 일회용 생리대를 쓴 샬롯은 바로 뭔가 자신과 맞지 않는다고 느꼈다. 생리대를 차면 더럽고 답답하고 축축한 느낌이 들었다. 정말 이 방법밖에 없을까? 샬롯은 어머니에게 물었고, 어머니는 자신의 탐폰을 꺼내 주며 사용법을 일러 주었다.

"그 뒤로 생리대는 한번도 안 쓴 거야?"

"응, 단 한번도."

날카로운 첫 탐폰의 기억

대학 1학년 때 친구들과 동해로 여행을 갔다. 때마침 생리가 터졌다. 물놀이를 포기하긴 싫었다. 친구들이 탐폰을 써 보자고 했다. 바닷가

근처 편의점엔 서울 집 근처 편의점과 달리 탐폰이 많았다. 검은 봉지에 담긴 탐폰을 들고 화장실로 향했다. 까슬까슬한 모래가 바닥에 가득한 가벽으로 세워진 공중화장실이었다. 사용법을 여러 번 읽고 포장을 뜯었다. 처음 탐폰을 본 사람들은 알 것이다. 생각보다 길고 크다. (이후에 어플리케이터 없이 탐폰만 있는 제품을 봤는데 실제 탐폰의 크기는 정말 작았다. 이런 크기였으면 겁먹지 않고 써 볼 수 있었겠다는 생각이 들었다.)

어플리케이터 끝부분 형태는 둥글지만 탐폰이 밀려 나오게 하려고 여러 갈래로 갈라져 있어 보기만 해도 날카롭고 아픈 기분이 든다. 당시 나는 성경험이 없었고 탐폰을 넣을 구멍이 어디에 있는지도 몰랐다. 어플리케이터 끝으로 여러 군데를 찔러 보고 조금 더 깊이 들어가는 곳이 있어 탐폰을 밀어 넣었다. 눈으로 보기에도 까슬까슬해 보이던 윗부분이 그대로 질을 쓸어 가며 따가운 통증을 남겼다. 이미 내재되어 있는 공포가 모든 통증을 세심하게 극대화했다. 제대로 들어가지 않았다는 걸 알고 있었지만 당장 친구들이 놀고 있는 바닷가로 가고 싶다는 급한 마음에 대충 정리하고 화장실을 나왔다. 모래사장을 걸어가는데 자리를 잡지 못한 탐폰이 계속 질 벽을 찔렀다. 물놀이를 위해 고통을 감수했지만 너무 아파 결국 30분도 되지 않아 빼야 했다. 그 뒤 이틀은 그냥 생리대가 물에 푹 젖어 통통 붇도록 내버려 둔 채 생리대를 차고 물놀이를 했다.

통증의 기억은 트라우마로 남았고 그대로 탐폰은 좋지 않은 거라고 믿게 됐다. 탐폰을 쓰는 여자들은 이렇게 아픈 걸 감수하고 쓰는 거라고 생각했다. 혹은 사람에 따라 전혀 아프지 않은 사람들도 있으리라 여겼다. 나는 탐폰이랑 안 맞나 보다. 정말 그런 거냐고 마땅히 물어볼 사람도 없었다. 주변에 탐폰을 쓰는 사람이 한 명도 없었으니까.

생리를 안 한다고?

그때부터 논쟁이 시작됐다. 샬롯의 송별회에는 네덜란드 여성 두 명, 한국 여성 두 명, 한국 남성 두 명 그리고 한국계 미국인 게이 남성이 있었다. 네덜란드와 한국. 두 국가의 여성들 간의 논쟁이 가장 치열했다. 남성들은 게임을 관전하듯 오고 가는 말들을 듣다 놀라기도 하고 질문을 쏟아 내기도 했다.

"몸에 좋지 않을걸."

탐폰을 착용하고 있는 내내 이물감이 있으리라 생각한 나는 그걸 어떻게 생리하는 내내 끼우고 있냐, 몸에 좋지 않을 거라 주장했다. 무엇보다 생리대와 탐폰은 피를 빠르게 흡수하는 화학물질을 품고 있어 그걸 몸 안에 넣는 건 분명 좋지 않으리라는 게 내 나름의 가설이었다. 미국에서는 탐폰 쇼크 때문에 죽은 사람도 있지 않은가.

"피가 묻은 생리대를 계속 차고 있는 것도 위생적이진 않잖아? 피랑 분비물이 묻은 생리대를 몇 시간씩 차고 있어야 하잖아."

탐폰은 새지 않는다. 한꺼번에 피가 물컹, 하고 나오는 느낌도 들지 않는다. (물컹, 피가 나오는 느낌에 대해 여성들은 다양한 반응을 보였다. '굴을 낳는다'는 표현을 쓰는 여성이 많았다. 질에서 굴만 한 크기의 덩어리진 생리혈이 불쑥 나

생리 공감

오기 때문이다.) 탐폰을 끼우고 있으면 생리를 한다는 사실조차 느껴지지 않는다. 생리대에 피가 묻어서 나는 냄새도 나지 않는다. 휴대가 간단하다. 쓰레기도 생리대에 비해 적게 생긴다. 생리대를 붙였다 떼어내면 속옷이 손상된다. 이후로도 샬롯은 탐폰의 장점을 줄줄이 늘어놓았다. 나는 예의상 샬롯의 이야기를 경청했지만 사실 그중 절반도 믿지 않았다. 내가 경험한 탐폰은 악몽이었기 때문이다. 《월경의 정치학》을 낸 박이은실 선생님에 따르면 대부분 여성은 어릴 때부터 생리대를 사용하기 때문에 처음 선택한 생리대를 신뢰하는 경향을 보인다. 그 뒤로 충격을 가할 만한 정보를 얻거나 계기가 생기지 않는 한 생리대에 대해서는 보수적인 판단을 내리게 된다.

"근데 난 이제 생리 안 해."

샬롯이 문득 생각났다는 듯 말했다.

"뭐?"

"내 동생도 안 해."

샬롯은 열여덟 살이 되던 해, 자궁 내 피임 장치를 삽입했다. 성인이 되자 자신을 스스로 보호해야겠다는 생각이 들었단다. 산부인과 주치의와 상담한 후 자궁 내 장치를 삽입하는 시술IUD, intrauterine device이 가장 잘 맞으리라는 판단을 내렸다. 동생은 임플라논Implanon 시술을 받았다. 팔뚝에 아주 얇은 칩을 박아서 호르몬을 조절하는 피임법이란다. 나중에 그게 뭔지 산부인과에서 상담을 받아 보았는데, 팔뚝 피부 밑에 매우 얇은 막대형 피임봉rob을 한 개 삽입하는 시술이었다. 두 시술 모두 반영구적이었다. 시술을 받으면 배란을 하지 않기 때문에 아예 생리를 하지 않거나 하더라도 극도로 적은 양만 하게 된다고 한다.

한국에서도 IUD 시술을 받은 여성들이 점차 늘어나는 추세인 것 같다. 다큐멘터리에 담지는 못했지만 시술을 받은 유진 씨를 인터뷰 하기도 했다. 고등학교 동창인 이서영 작가도 시술받은 사실을 칼럼에서 다루었다. 나 역시 샬롯과 대화를 나눈 지 정확히 1년 뒤에 상담을 받기 위해 산부인과를 찾았다. 이 이야기는 5장 〈선택한다는 것은 아름다운 일이다〉에 나온다.

IUD에 대해 들었을 때 나는 어리둥절했다. 뭐? 자궁 안에 무슨 장치를 넣는다고? 도저히 무슨 말인지 모르겠으니까 다시 한번 말해 줄래? 샬롯은 탁자에 와인잔을 내려놓고는 손으로 대략의 크기를 만들어 보여 줬다. 그리고 다시 손가락으로 티T 자 모양을 만들며 말했다.

"이렇게 생긴 티 자 기구를 삽입하는 거야, 자궁에."

듣기만 해도 내 자궁 안에 티 자형 이물질이 낀 것 같았다. 나도 모르게 몸서리가 쳐졌다. 샬롯은 덧붙였다.

"피임약을 먹거나 콘돔을 사용하는 것보다 훨씬 편하고 안전해. 생리를 안 하기 때문에 생리용품을 살 필요도 없고 한 달에 한 번씩 고생하지 않아도 되고. 사실 피임에 편한 것보다 생리를 안 하는 게 더 좋아."

하지만 시술 때는 엄청난 고통에 시달린단다. 지금도 3년에 한 번 씩 장치를 새로 삽입하는데 그때마다 비슷한 고통을 겪는다. 그래도 피임과 생리로부터 자유로운 것을 생각하면 그 정도 고통은 기꺼이 감수할 수 있다는 게 샬롯의 생각이었다.

정말 아무것도 '몰랐다!'

탐폰과 생리대, 자궁 내 장치에 대해 이야기를 이어 가고 있을 때 한 남성이 불쑥 혼잣말처럼 말했다.

"와, 여자로 사는 거 진짜 빡세네. 생리도 그렇고 피임도 그렇고."

대화는 중단됐다. 모두의 시선이 그를 향했다. 그는 놀란 토끼눈을 하며 말했다.

"진짜로, 나 정말 하나도 몰랐거든."

우리는 남자가 뭘 알겠느냐며 웃어 버린 뒤 다시 이야기를 이어 갔다. 하지만 그때부터 어딘지 모르게 나는 내 말에 확신을 잃어 갔다. 그 남성이 한 말, '몰랐다'는 말에 뒤통수를 한 대 얻어맞은 기분이었다. 샬롯의 말도 귓가에 맴돌았다. 처음 생리대를 쓴 뒤 '정말 이 방법밖에 없을까?' 하고 질문을 던졌다는 말. 자신을 지켜야겠다고 생각해 산부인과 주치의와 상담했다는 말. 자궁 내에 장치를 넣는 피임법이 존재한다는 말. 탐폰을 초경 때부터 쓸 수 있다는 말. 샬롯은 자기 몸에서 일어나는 변화에 질문을 던지고, 선택할 수 있는 옵션을 알아보고 결정했다! 한국과 네덜란드, 그 물리적 거리만큼이나 나와는 먼 이야기였다.

왜 아무도 다른 방법이 있다고 알려 주지 않았을까? 왜 단 한번도 다른 방법에 대해 질문하지 않았을까? 나도 탐폰을 쓸 수 있을까? 아프지 않게 넣을 수 있을까? 혹시 탐폰 말고 다른 방법도 있을까? 자궁 내 장치를 삽입하면 불임이 되지 않을까? 생리를 안 하면 몸에 해롭지 않을까? 사람들과 헤어져 집으로 돌아오는 내내 당장은 답을 내릴 수 없는 질문이 꼬리를 물었다. 하지만 한 가지는 분명히 알고 있었다. 지금까지 해 온 방법, 그대로 살아가기는 싫었다는 것이다. 그 밤 나는 이전과는 완전히 다른 방식으로 생리와 마주하게 되었다.

초경의 기쁨과 슬픔

열두 살 때였다. 기대하고 고대하던 여름방학이 시작되었다. 교회에서 등산을 갔고 산을 내려오기 시작할 무렵 장맛비가 억수처럼 쏟아졌다. 친구들과 나는 비를 흠뻑 맞으며 산을 달려 내려왔다. 빗방울이 나뭇잎에 부딪히는 소리, 친구들의 작은 발이 젖은 땅과 마찰을 일으키며 내던 소리가 지금도 아련하다.

얼마 전 집으로 돌아가는 길이었다. 지하철 역사를 빠져나오자 예정에 없던 비가 세차게 내리고 있었다. 그때 내 뒤에서 교복을 입은 중학생들이 소리를 지르며 달려왔다. 나를 스쳐 가던 그들 중 한 명이 웃으며 소리쳤다.

"완전 신나."

교회에서 등산 간 날, 나도 그랬다. 비를 맞는 나 자신이 세상에서 가장 특별한 존재처럼 여겨졌다. 그날 저녁, 집으로 돌아와 비에 젖은 무거운 바지를 팬티와 함께 통째로 내렸을 때 팬티에서 빨간 피가 보였다. 엄마는 일을 하러 나가 집에 없었다. 할머니에게 먼저 말했던가. 아무 이유 없이 몸에서 흘러나온 그 피를 보고도 나는 놀라지 않았다. 어떻게 피를 처리했는지도 기억나지 않는다. 다른 사람들처럼 축하를 받은 적도 없고 부모님이 놀라고 반가운 마음을 표현해 준 기억도 없다. 다만 비에 젖어 잘 내려가지 않던 무거운 바지와 간신히 옷을 벗었을 때 뜻밖에 나를 반기던 빨간색 피만 선명히 기억날 뿐이다.

도둑처럼 찾아온 초경

"초경 때 기억나세요?"

인터뷰에 응한 대부분의 여성은 초경을 잘 기억하고 있었다. 우연이겠지만 그들 중 많은 이가 몸을 움직이는 활동을 하다가 초경을 맞았다. 윤정 씨는 학교 체육 시간에 갑자기 배가 아파 화장실에 갔다가 생리가 시작된 걸 알았고, 민하 씨도 달리기를 하다가 불쑥 무언가 흘러나오는 느낌이 들어 화장실로 갔다가 알게 되었다. 자전거를 타다가 첫 생리가 터진 여성도 있었다. 큰이모는 키질(알곡을 얻기 위해 키를 까부르는 일)을 하다 첫 생리를 맞았다고 한다. 나는 등산을 하다 시작했고 말이다. 과학적으로 입증할 수 없는 일이지만 활발히 몸을 움직일 때 첫 생리혈이 나온다고 생각하면 왠지 모를 긍정적인 기운이 느껴진다. 생리가 적극적인 활동을 하는 몸의 일처럼 느껴지기 때문이다.

"아빠 나 생리 시작했어."

미리 씨는 첫 생리가 터지자 아버지에게 먼저 말했다. 아버지는 딸의 초경을 축하하기 위해 외식을 가자고 했다. 미리 씨 기억으로는 가족 모두가 외식을 하러 갔지만 딱히 생리에 대한 이야기는 하지 않았다고 한다. 가희 씨와 민주 씨의 경우도 마찬가지다. 가족이 외식을 했고 케이크와 꽃다발을 받았다. 달력에 동그라미를 쳐 놓기도 했다. 민주 씨는 축하 인사와 함께 "이제 넌 소중한 몸이 되었어"라는 말도 들었다. 그런데 그 순간, '그럼 이전까지는 소중하지 않았다는 말인가' 하는 이상한 의문이 들었다고 한다. 가희 씨 어머니는 "넌 이제 여자가 된 거야"라고 말했다. 여자가 되었다니? 그럼 이전까지는 여자가 아니었단 말인가? 진짜 여자가 되면 무엇이 달라진다는 말일까? 영등포에 있는 영원중학교로 촬영을 갔을 때는 많은 아이가 초경 때 '목걸이'를 선물로 받았다고 했다. 초등학생을 위한 '초경 선물세트'에는 생리대, 위생팬티, 물티슈, 생리일기를 적을 수 있는 다이어리 등이 들어 있다.

〈피의 연대기〉 만들 때 유튜브에서 자료를 많이 얻었다. 그중 영국에서 만든 재미있는 영상도 있었는데 영화에는 담지 못했다. 다른 아이들보다 초경이 늦은 한 여자아이가 초경 파티를 하고 싶어서 빨간 물감을 생리혈인 척 해서 엄마를 속이는 내용이다. 경제가 안정된 선진국들에서 초경 파티는 이제 보편화된 문화인 것 같다. 하지만 이런 문화가 놓치고 있는 중요한 사실이 있다. 본질적으로 우리가 해야 하는 다소 '불편할 수도 있는' 생리에 관한 이야기는 회피한다는 점이다.

초경은 도둑처럼 찾아온다. 중학생이 되기도 전에 생리를 경험하는 것은 너무도 급작스럽고 빠른 성장 징후다. 영문도 모른 채 세상에 태어나 이제 갓 만으로 10년을 살았을 뿐인데 그 작은 몸들이 새로운 생명을 품을 준비를 하게 되는 것이니까.

외할머니 여경주 여사의 경우(1930년생) 열여섯 살에 시집을 갔다. 당시 할머니가 살던 경남 하동군에서는 아이들이 열여섯만 되면 '정신대(할머니 표현)'에 끌려갔다. 할머니는 정신대에 가기 싫어 한참 나이가 많은 할아버지에게 시집을 간 것이다. 초경도 겪기 전이었다. 그러다 초경을 맞은 바로 다음 달 큰이모를 임신했다. 몇 달이 지나지 않아 일본군은 패전했고 조선은 독립을 맞는다.

"그게 제일 억울했지."

그렇게 빨리 독립을 맞을 줄 알았다면 시집을 가지 않았을 거라고 할머니는 말했다.

'정상'이란 기준의 문제

"축하를 해 준 다음엔 어떻게 됐어요?"

초경 이후에 대해서 대부분 여성은 별다른 기억이 없다.

"기억이 안 나는데."

"엄마가 쓰던 생리대를 줬어요."

"생리대 차는 법을 가르쳐 주고… 특히 버릴 때 안 보이게 조심히 버리라고 하셨어요. 돌돌 말아서 버리라고."

초경의 승리감이 지난 뒤, 대부분은 곧 생리가 귀찮고 혼란스럽고 당혹스러운 것이라고 생각하기 시작한다. 우리는 당당해지려고 애쓰며, 현실주의자가 되라고 자신에게 잔소리를 하려 애쓰지만, 그래도 점원이 남성일 때에는 생리대 값을 지불하면서 거북하게 느낀다.

-나탈리 앤지어,《여자, 내밀한 몸의 정체》, 문예출판사, 162쪽.

학교에서도 거의 아무것도 가르쳐 주지 않는다. 영원중학교 학생들은 생리가 28일마다 돌아온다는 사실은 정확히 기억하고 있었지만 그 외 생리에 대한 교육은 받지 못한 듯했다. 정상적인 생리 주기가 28일이라는 관념은 '정상적'이지 않다. 백사장에 깔린 모래알을 하나하나 뜯어보면 다 다르게 생겼다. 여성의 몸도 그렇다. 웬다 트레바탄의《여성의 진화》를 보면 초경 연령과 생리 주기, 생리 양은 그 여성이 속한 사회, 개인적 환경에 지대한 영향을 받는다. 현재 의학계에서 '정상'이라고 부르는 범주는 대개 관련 연구가 선행될 수 있었던 '건강부국', 즉 서구 선진국에 사는 여성들 얘기다. 2017년 현재, 한국도 건강부국에 속한다. 과연 그럴까? 2015년 5월 생리대를 살 돈이 없어 신발 깔창으로 생리대를 대신하는 여성들이 있다는 기사가 한국 사회 전체를 충격에 빠뜨렸다. 생리대를 살 돈이 없는 여성의 건강과 심리 상태는 어떨까? 그녀의 몸은 '정상' 범주에 속할 수 있을 만큼 필요한 영양분을 공급받고, 꼭 필요한 심리적 안정과 지지도 받고 있을까?

존재하는 수만큼이나 다양한 여성의 몸을 정상의 범주에 묶어 두는 것은 누구의 편의를 위한 것일까? 정상 주기를 가르치면서 정작 비정상 주기가 가져올 위험을 외면하는 교육은 누구를 위한 것일까? 이상한 건 정상 범주라는 걸 만들어 놓고도 여성들 몸이 정상성을 유지하는지 아닌지에 대한 조사나 연구는 하지 않는다는 것이다. 부모님, 선생님, 게다가 아이 본인까지 수학 점수가 들쑥날쑥하고, 영어 점수가 떨어지는 것에 대해선 걱정하지만, 초경 연령이 빨라지는 것에 대해서는 관심을 가지지 않는다. 아이를 아끼고 사랑하며 좋은 것만 주고 싶다는 부모들도 정작 그 '피'에 대해선 아예 잊고 산다.

잊고 사는 것 정도면 그나마 다행이다. 요도와 항문이 있는 쪽에 생식기가 있기 때문일까. 생리는 더러운 배설물 취급을 받는다. 똥이나 오줌처럼 흘러나올 때 숨겨야 하고, 부끄러워해야 할 것으로 여겨진다. 옷에 묻거나 행여 '생리 중'이라는 사실을 들키면(생리대를 사거나 꺼내는 행위 따위로) 수치스럽게 느낀다는 점에서 그렇다. 똥이나 오줌이 종종 유머의 소재로 사용되는 것처럼 생리도 대화의 영역으로 나오려면 웃음 코드를 활용해야 한다. 하지만 똥이나 오줌보다 생리의 처지는 더 위태롭다. 여자의 질에서 나와 성적인 의미까지 더해지기 때문이다.

생리 공감

환대만큼 외면당하는 그 '피'

대학 다닐 때 사귀던 남자친구가 있었다. 함께 도서관에서 공부하기로 한 날이었는데, 갑자기 생리가 터졌다. 남자친구는 다른 친구를 만난 후 도서관으로 넘어오기로 되어 있었다. 마침 남자친구가 있던 곳이 친구가 아르바이트를 하는 편의점이었다. 다른 데 가야 하는 것도 아니니 생리대를 사다 주는 게 어려운 일이 아니라고 생각했다.

"네 여자친구는 왜 그런 걸 너한테 시키냐?"

남자친구는 생리대를 건네주면서 친구의 말도 전했다. **왜, 그런 걸, 너한테, 시키냐.** 단순한 말 한마디에 담겨 있던 많은 의미를 그때는 파악하지 못했다. 중형 생리대 네 개에 1500원을 넘지 않았던 것으로 기억한다. 곤란한 상황에 처한 친구를 위해 기꺼이 쓸 수 있는 금액이었다. 무엇 때문이었을까. 종이에 손이 베여 밴드를 사다 달라고 했다면 어땠을까. 그때도 그 친구는 '왜 그런 걸 너한테'라고 했을까.

이런 사회라면 초경의 환대가 아무리 근사해도, 초경 후 받은 축하의 말들이 아무리 따뜻해도 우리는 더는 그날을 아름답고, 꺼내 보고 싶은 기억으로 간직할 수 없다. 방법이 없다. 뒤를 돌아보지 않고 앞으로만 나아가야 한다. 그렇게 우리는 한 달에 한 번, 평균 5일씩, 최대 36년간 피를 흘린다. 별다른 정보나 가이드라인은 주어지지 않는다. 저항은커녕 질문도 하지 않고 당연한 것으로 받아들인다. 그렇게 많은 피를 흘리고도 죽지 않고 살아남는데, 응원이나 격려도 받지 못한다. 그 많은 피를 매번 어떻게 처리하느냐고 누구 하나 질문을 던지거나 걱정하지 않는다. 격렬한 환대와 완벽한 외면(혹은 조롱). 이 격

차는 어디에서 오는가. 이 불균형은 무엇을 의미하는가. 부탁하지 않아도 알아서 검은 봉지에 싸 주는 생리대를 들고 집으로 돌아올 때면 문득문득 그런 질문들에 휩싸인다. 왜 생리는 '그런 게' 되었을까.

여자만 흘린다

✤

한 장면이 기억난다. 어린 시절 명절에 이모 집에 놀러 갔다. 사촌동생이 다섯 살 무렵이었다. 여름이었고 좁은 화장실에서 두 사람이 있기 답답해선지 이모는 문을 활짝 열어 놓고 사촌동생을 씻기고 있었다. 그 다음이 나였을지 모른다. 앞뒤 기억은 온데간데없고 그저 차례를 기다리던 나와 내가 지켜보던 이모와 사촌동생만 기억이 난다. 사촌동생을 한창 씻기던 이모가 별안간 다급한 목소리로 소리쳤다.

"안 돼, 지지야. 잠지 만지지 마."

사촌동생이 정확히 어딜 만지는지 보진 못했지만 "잠지"라는 단어를 들었을 때 순간적으로 그게 몸의 어느 부위를 가리키는지 단번에 알 수 있었다. 어디서 그 단어를 들었는지 혹은 자지라는 단어와 비슷해서 단박에 알아들은 것인지 기억나지 않는다. 어쩌면 몸에서 만지지 말아야 할, '지지'한 부분은 '그곳'밖에 없다고 느꼈는지도 모른다. 후에 사전을 찾아보고 나서야 어린 소년의 성기를 넌지시 이르는 말이 잠지라는 사실을 알았다. 이모도 어디선가 들은 적이 있어 딸의 성기를 그렇게 불렀으리라 생각한다.

　그런데 그날 이후로 오랜 시간 나는 잠지를 여성 성기를 비하하는 말로 기억했다. 왜 그런지는 모른다. 사전을 찾아봐도 근거가 없다. 물어볼 사람도 없다. 너 혹시 거기를 잠지라고 부르는 거 들어 봤어? 그거 왠지 여성 성기를 낮춰서 부르는 말 같지 않아? 이런 질문을 하면 이상한 사람 취급을 당할 것만 같았다.

　하지만 잠지는 지지니까 만지지 말라는 말이 계속해서 귓가에 맴돈다.

　지지야, 만지지 마.

외동 '딸'이어서 다행이다

엄마의 고향은 경상남도 하동이다. 엄마는 칠녀일남의 넷째로 태어났다. 당시 한국의 여느 가정처럼 할아버지는 아들을 원했고 할머니는 아들을 보기 위해 계속 아이를 낳아야 했다. 엄마의 기억은 이렇다. 일가친척들이 모이면 고추가 달린 남자아이는 기저귀 갈 때도 모두 둘러앉아 그 모습을 지켜봤노라 한다. 방금 씻겨 나온 남자아이의 고추가 잘 마르도록 손으로 부채질도 해 주고, 자랑스러운 그 자태를 모두가 흡족한 표정으로 지켜봤다는 것이다. 반면 여자아이는 얼른 구석으로 데려가 기저귀를 갈아 준 후 바로 포대기로 감싸 숨겼다고 한다.

　엄마는 십수 년 전 개명을 했다. 혜영. 본명은 순자. 할아버지가 지어 주었다. 순할 순順 자에 아들 자子. 한국의 베이비붐 세대에서는 흔한 여자 이름이다. 넷째까지 아들을 보지 못해 다음 번에는 꼭 아들 낳기를 바라 붙인 것이다. 하지만 염원은 빛을 보지 못했다. 4년 뒤 또 딸(이모 이름은 은자)이 태어난 것이다. 큰이모는 할머니가 출산하면 미역국을 끓이기 위해 미역을 가지고 냇가로 갔다. 미역을 씻고 있노라면 지나가는 동네 사람들이 물었다.

"너희 엄마 이번엔 뭐 낳았니?"

딸 낳았다는 말을 하기가 죽을 만큼 싫었던 이모는 다음부터는 새벽에 나가 미역을 씻었다고 한다. 그렇게 연이어 딸 다섯 명을 낳고서야 아들 '상복'이 태어났다. 복 중에서도 최고의 복이란 뜻이다. 이번엔 둘째이모가 미역을 씻으러 나갔다. 이모는 사람들이 다가와 말을 걸 때까지 기다렸다. 이번엔 아들을 낳았다는 말을 기필코 해야 했기 때문이다. 하지만 웬일인지 그날따라 냇가에는 개미 한 마리 나타나지 않았다.

"저 아들을 업으면 고추가 안 아플꼬."

집안에 처음 태어난 아들의 고추가 아플까 싶어 이모는 조심스럽게 남동생을 업었다. 할머니는 아들을 놓고도 일을 하러 나갔고 삼촌은 누나들 손에 자랐다. 상복이 태어난 후 할머니는 애 낳는 것이 지겨워 그만 낳고 싶었지만 아들 '맛'을 본 할아버지는 딱 한 명만 더 낳자고 할머니를 졸랐다. 이후로 할머니는 딸 둘을 더 낳았다. 그녀들은 아들 이후에 태어난 덕분에 영애와 정애라는 예쁜 이름을 가질 수 있었다.

우리 아빠는 좋은 의미에서건 나쁜 의미에서건 자식 농사에는 관심이 없던 분이라 첫애인 나를 낳고는 아무 미련 없이 '그곳'을 묶어 버렸다. 내가 아직 돌을 넘기지 않았을 때 민방위 훈련에 갔다가 정부의 무료 시술 홍보를 듣고는 엄마와 상의도 없이 그 자리에서 시술을 강행한 것이다. 당시 정부는 산아 제한 정책을 추진하고 있었다. 남성이 여성 성기에 대해 무지한 만큼이나 나 또한 남성 성기에 무지한 편이라 아직도 그곳을 묶어 버리는 것이 어떤 원리에 의한 것인지 알지 못한다. 그렇게 나는 외동딸로 자라났다. 그 덕분에 고추를 달고 태어나 더 대접을 받고 사는 오빠나 남동생이 없다.

대학 친구 S는 고등학교 때 언어와 외국어 모두 만점을 받았지만 수리를 잘 보지 못했다. 과외 선생님을 두고 부족한 부분을 집중적으로 파면 점수가 오를 것 같았다. 그렇게 늘 과외를 받고 싶었지만 남동생과 본인 둘 다 과외를 받을 순 없었다. S는 자연스럽게 남동생에게 과외를 양보했다. 그때 나는 순진하게 S가 착해서 그랬으리라 생각했다. 그런데 동생이 여자였어도 그랬을까? 겪어 보지 않은 차별에 우리는 무감각해진다. 후에 나는 예쁜 이름을 가지고 살았던 영애 이모와 정애 이모가 삼촌의 뒷바라지를 하려고, 삼촌의 학자금 대출을 갚기 위해 자신들의 월급을 내놓아야 했던 사정을 들었다. 칠녀일남 중 대학에 간 건 아들이었던 삼촌뿐이다.

"오빠나 남동생 있었으면 나 대학도 안 보낸 거 아니야?"

나는 가끔 의심의 눈초리로 엄마에게 물었다. 그러면 엄마는 진지한 얼굴로 대답했다.

"그랬을지도 모르지."

아빠가 말했다.

"내가 내 자신을 아는데, 애를 하나 이상 키울 자신은 없었어. 그래서 확."

'묶어 버렸다.' 그렇게 나는 대학 교육을 받을 수 있는, 누구와 경쟁하지 않아도 되는 외동딸로 자라났다. 누구보다 내 교육을 위해 물심양면으로 희생한 엄마가 내게 오빠가 있었다면 나를 대학에 보내지 않았을지도 모른다고 답했을 때 나는 처음으로 딸로서 내 지위가 흔들리는 것을 느꼈다. 태어나지도 않은 내 남자 형제가 존재하지 않음에 감사했다.

불편해하는 시선들

생리가 말하기 겸연쩍고 성적이고 감춰야 하는 것이라고 느끼는 이유는 여자만 흘리는 피라서 그렇다고 생각한다. 소년의 성적인 성장을 다룬 영화는 많다. 아예 〈몽정기〉라는 이름을 대범하게 달고 나오기도 한다. 〈나의 생리 출혈기〉라는 영화가 나왔다면 어땠을까? 몽정기만큼 귀여운 느낌도 안 들고 어떤 배우도 출연하고 싶어 할 것 같지 않다. 여성들의 성장도 남성들 못지않게 흥미진진하고 수많은 이야기로 가득할 텐데. 내가 만든 〈피의 연대기〉는 말랑말랑하고 귀여운 영화다. 애초 기획 단계에서부터 그런 영화를 만들고 싶었다. 남녀

노소 즐겁게 보고 필요한 정보를 얻어 갈 수 있길 바랐다. 상충하는 의미나 상황이 부딪치는 걸 좋아하기 때문에 〈피의 연대기〉라는 전혀 말랑말랑하지 않은 제목을 붙였다. 얼마 전 한 잡지 인터뷰 자리에 갔는데 한 감독님이 내게 물었다.

"영화 잘돼요?"

재편집을 하는 단계였고, 내세울 만한 좋은 소식도 없었다.

"아직 해외에서는 반응이 없네요."

그러자 감독님은 이렇게 말했다.

"남자들이 좀 불편해할 것 같아."

감독님은 여성이었다. 이상한 일이지만 나는 영화를 만들면서 단 한번도 남성에게서 '불편할 것 같다'는 말을 들어 본 적이 없다. 그들은 체면 때문에라도 그런 말을 하지 않는다. 짐짓 흥미로운 표정을 하고 "오 그래요?" 정도의 반응만 보일 뿐이다. 예상치 못했지만 때때로 여성들에게서 '남자들이 불편해할 것 같다'는 말을 들었다. 본인들이 불편하다고 했더라면? 이해했을 것이다. 누구에게나 불편한 이야기는 있는 법이다. 하지만 나와 성이 같은 여자들이 의지와 상관없이 치르는 몸의 일에 대해 다른 성을 대신해 부정하는 이유는 무엇일까? 이성에 대한 배려었을까? 엄마가 여동생을 낳으면 창피해서 마음대로 동네를 다니지도 못했다는 큰이모 말을 떠올리면 가슴 한구석이 아리다. 무엇이 우리 마음을 누가 뭐라 하지 않아도 먼저 불편하고 창피하도록 만들었을까?

눈에 띄는 신체적 특성은 다양하다. 그중 나는 시종일관 여성이 여성임을 자각하게 하는 것이 생리라고 생각한다. 또한 남성들이 이제껏 자신과는 완벽하게 무관한(때때로 여자친구나 아내의 히스테리를 감당하면 되는 정도의 것으로만 여기는) 일로 치부해 버린 것이 생리라고 생각한다. 임신이나 섹스, 피임은 다르다. 일부 남성의 경우 섹스나 임신과 관련해서 상당한 지식을 갖추고 있기도 하다. 본인의 삶과 연결되어 있기 때문이다.

생리하는 여성은 생리가 일상적인 몸의 일인데도 자궁과 생식기를 가진, 남성과 차별되는 '성적인 존재'로 인식된다. 생리가 삽입 성관계 때에도 사용하는 질에서 나오기 때문이다. 어떤 인터넷 댓글을 보면 생리를 몽정과 같은 선상에 두어 무상 생리대를 요구할 거면 몽정을 위한 크리넥스도 제공하라는 말도 있다. 몽정은 성적 흥분의 결과이다. 생리는, 아니다.

종교학 연구자이자 중세 가톨릭에서 여성의 몸을 어떻게 바라보았는지 연구 중인 민지 씨는 이렇게 분석했다. 남성 중심 사회에서 남성은 자기 몸과 다른 여성의 몸을 도저히 이해하거나 상상할 수 없었다는 것이다. 지구에 상륙한 외계인을 일단 적으로 치부하는 것처럼 그들은 여성의 몸에서 일어나는 기이하고, 자신은 알지 못하고 경험해 본 적도 없는 일을 '이상하고' '불경하고' '좋지 않은' 것으로 만들었다. 처음 탐폰이 세상에 나왔을 때 남성들은 탐폰이 젊은 여성들의 자위를 부추길까 봐 염려했다. 생리는 몸의 자연스러운 생명 활동인데도 질 안에 무언가를 넣는다는 생각 때문에 곧바로 자위를 떠올린 것이다. 그렇게 생리는 남성들에게 임신, 섹스, 질을 떠올리는 성적인 행위로 여겨졌고, 이런 의식은 거의 전 세대를 아우르는 보편적인 정서가 되었다.

자연스러운 생명 활동

생리를 성적인 것과 완전히 분리해서 생각해 보면 어떨까? 섹스, 임신과 완벽히 구분해 일정 기간 여성의 몸에서 주기적으로 흐르는 '순수한 피'로 보면 어떨까? 학교에서도 성교육 시간에 생리를 다루기보다 '몸교육'으로 분리해 몸의 메커니즘의 한 부분이고 독립적인 생명 활동으로 다루면 어떨까. 2017년 오늘날 생리를 하는 여성은 남성과 똑같이 교육을 받고 사회에 진출해 꿈을 펼치고 노동으로 먹고사는 존재다. 사실 그 면 옛날에도 여성은 남성과 비슷한 수준, 어쩌면 더 많은 노동을 감당했다. 1940년대에 태어난 이모들과 대화를 나누어 보면 할머니와 이모들은 새벽부터 오후까지 각종 밭일과 가축 돌보기를 했고 집안일과 육아도 온전히 감당했다. 쇠여물을 준비하거나, 뒷산에 밤을 따러 가거나, 추수한 곡식을 정리하거나, 고춧가루를 만들기 위해 고추를 따고 씻어서 말리고 다시 분쇄하는 일까지 그녀들 노동의 양은 정해져 있지 않고 측량할 길도 없다. 여성은 그 와중에 무려 한 달에 일주일씩 피를 흘린다.

　물론 임신과 출산을 거치는 동안에는 생리를 하지 않는다. 하지만 어느 누가 임신과 출산을 하는 것이 생리를 하는 것보다 편하다고 할 수 있을까? 게다가 평생 임신을 하지 않는 여성의 경우 생리는 그 여성의 삶에서 어떠한 목적성도 가지지 않는다. 생리에서 성적인 의미를 제거하면, 남성과 여성 사이 생물학적 차이만 남는다. 한 달에 한 번 피를 흘리느냐, 흘리지 않느냐. 그러므로 생리는 순수한 몸의 메커니즘 중 일부다. 한 달에 일주일씩 피를 흘리는 사람에게 한 달에 한 번 정도 쉴 권리를 보장하지 않는 것은 차이를 인정하지 않는 차별이다. 그런데 사람들은 왜 피를 흘린다고 휴가를 주냐, 역차별이라고 핏대를 세운다.

〈피의 연대기〉를 만들고 나서 여러 매체와 인터뷰를 했다. 기사 댓글 중 유난히 '생리충'이라는 단어가 많았다. 물론 생리충만 있었던 건 아니다. 나대지 마라, 제발 공짜로 뭐 좀 달라고 하지 마라(무상 생리대), 작은 일 가지고 큰일처럼 부풀리고 호들갑 떨지 마라(생리대 화학물질 파동), 이것저것 넣어 보다가 질 늘어난다(생리컵)는 댓글도 많았다. 다른 건 무시하고 넘길 수 있다. 정보가 잘못되고 근거가 부족하다면 함께 상의하고 논의하며 합의 가능한 지점을 도출해 낼 수 있으리라. 하지만 생리충이라는 단어는 쉬이 머릿속을 떠나지 않았다. 이 단어가 주는 모멸감을 여성인 나 자신과 분리해 생각할 수 없었다.

"이 생리충아."

댓글을 보고 있기만 해도 이런 말을 면전에서 누군가 내게 내뱉은 것 같은 모욕감을 떨칠 수 없었다. 아이피 추적을 해서 댓글 게시자를 색출하고 고소하는 과정을 다큐멘터리로 찍을까 하고 생각한 적도 있다. 처벌을 하고 싶진 않았다. 한 인간의 제어할 수 없는 생명 활동을 놓고 벌레로 비유할 수 있는 사람의 얼굴을 보고 싶었다. 누군가는 내게 '그냥 초딩들이 하는 짓'일 거라고, '할 일 없는 애들이 그런 거'라고 안심시켰지만 그런 말을 들으면 더 섬뜩했다. 제대로 된 몸교육 한번 못 받고 자라날 남자아이가 생리가 어떤 원리로 나오고 그걸 처리하기 위해 여자들이 어떤 노력을 들여야 하는지 전혀 알지 못한 채 생리충이라는 단어를 먼저 배운다고 상상해 보자. '생각이 없는 초딩'이 한 말이라며 안심할 수 있을까?

'생리충'이란 말

종종 생리나 임신처럼 여자들만 겪는 일의 고충을 자신들이 군대에서 겪는 고통과 비교하려는 남성들이 있다. 건강부국 여성들의 경우 평생에 걸쳐 평균 35~37년 동안 생리를 한다. 1년에 500밀리리터짜리 콜라 한 병 정도의 피를 흘리고, 평생 흘리는 피를 따져 보면 약 16리터에 달한다. 이 양은 우리 몸 전체 혈액의 3배 정도다.

10년 전 나를 위해 생리대를 사다 주었던 남자친구가 군대에 갔을 때 나는 그 애가 낯선 훈련장에서 겪을 당혹감과 외로움이 생각나 밤마다 울었다. 남자친구가 훈련장에서 보낸 사복이 도착했을 때 그 아이의 어머니와 일면식도 없으면서 전화를 붙잡고 한참을 울었다. 가끔 길에서 휴가 나온 듯 보이는, 군복 차림에 머리가 짧은 남성을 보면 전부 다 알진 못해도 그가 겪어야 할 고충에 마음이 아팠다. 이모는 아들이 군대에 갔을 때 한 달을 밥도 못 먹고 앓아누웠다. 아직도 그러는지 모르겠지만, 어렸을 적 학교에서는 군인들에게 편지를 쓰는 시간이 있었다. 그때 나는 얼굴도 모르는 군인 '아저씨'를 위해 정성스럽게 편지를 썼다. 한 글자 한 글자에 마음을 담았다. 추운 곳에서, 어려운 상황에서 고생하고 힘들 군인 아저씨들을 생각하면 연필을 쥔 손에 힘이 들어갔다.

겪어 보지 않은 고통과 어려움을 전부 다 알 수는 없다. 다만, 상대의 편에서 짐작하고 상상할 뿐이다. 출산율이 사상 최저치를 찍었다고 한다. '진짜' 위기가 올 거라고들 우려한다. 하지만 임신과 출산을 담당하는 여성의 몸은 존중받지 못하고 있다. 임신을 하지 않더라도 그들이 반평생 흘려야 하는 피에 대해 '국가적'으로 논의되지도 않는다.

의지와 상관없이, 더러는 주기와 상관없이 흘리는 피라 휴지와 비누를 제공하는 공공기관(학교를 포함) 화장실에 생리대도 비치되어야 한다. 이 주장을 하면 이런 소리를 듣는다.

"너희는 왜 만날 공짜로 달라고 하냐?"

"그러면 면도기도 공짜로 줘!"

그렇게 인류를 품고 출산할 수 있는 유일한 피는 매도된다. 사회는 단 한번도 많은 피를 흘리면서 살아간다는 게 무엇을 의미하는지 '상상하지' 않는다. 되레 생리하는 여성의 몸을 일컫는 말 뒤에 벌레 '충' 자를 붙인다.

잘 알지도 못하면서

✤

엄마의 모태 신앙을 물려받은 나는 어려서부터 성경 공부를 좋아했다. 아담에게 선악과를 건네 인간이 죄에 눈을 뜨게 하고 영원토록 고통받는 삶을 살게 한 원흉 하와를 나는 언제나 미워했다. 하와만 아니었어도, 젖과 꿀이 흐르는 하늘나라에서 계속 사는 건데. 어렸을 때 보던 그림책에도 하와는 늘 교활한 뱀과 등장했다. 뱀의 꾐에 넘어가 아담에게 선악과를 건넨다. 죄를 지은 인류는 에덴동산에서 쫓겨나고, 아담은 평생 노동해서만 먹고살 수 있는 벌을, 하와는 고통을 겪고 출산해야 하는 벌을 받는다. 출산하려면? 임신을 해야 하고, 임신을 하려면 생리를 해야 한다.

중세 시대에는 생리혈을 불경하고 더럽고 외설스러운 것이라 여겼다. 여자가 흘리는 피는 결국 에덴동산에서 인류가 쫓겨난 원흉을 떠올리게 하기 때문이다.

생리에 대한 여러 오해

내가 초등학교에 다닐 때는 성교육이 없었다. 학교에 남자와 여자, 가슴과 고추, 보지에 관한 온갖 해괴한 소문이 돌아다녔지만 정작 선생님은 우리를 마냥 아이처럼 대했다. 초경 연령이 점차 낮아지는 추세이지만 내가 학교에 다닐 때인 20년 전만 해도 6학년이 되기 전에 생리를 하는 친구는 없었던 것 같다.

하지만 우리 모두 그 '피'에 대해서는 익히 알고 있었다. 이런 소문이 있었다. 아이들이 유난히 싫어하던 음악 선생님이 있었는데 그 선생님은 대부분의 아이에게는 매우 엄했지만 편애하는 아이들에겐 눈에 띄게 친절했다. 그 선생님이 박하사탕 봉지에 자신이 쓰던 생리대를 돌돌 말아 넣어 평소에 싫어하던 아이에게 선물로 줬다는 소문이었다. 누가 만들어 낸 건지는 모르지만 우리는 단번에 그 이야기를 믿어 버렸다. 소문은 삽시간에 퍼졌다. 지금 생각해 보면 누가 악의적으로 지어 낸 소문일 확률이 컸지만, 굳이 아이들은 그 선생님을 나쁘게 말하려고 생리대와 생리혈을 이야기 소재로 삼았다.

내가 스물한 살 때 엄마는 완경(폐경)을 겪었다. 생리 양이 조금씩 줄어들기 시작했고 밤이면 온몸에 열이 올라 잠을 잘 수 없다고 했다. 잠을 못 자니 점차 신경이 날카로워졌고 갑작스레 눈물을 보이거나 화를 내는 날도 잦았다. 마침내 생리가 완전히 끊기는 날이 왔다. 이후 엄마는 장 볼 때 생리대 사는 일을 깜박하곤 했다. 그 무렵부터 내가 직접 샀다.

어느 날, 생리대를 잊고 화장실에 간 일이 있다. 집 안 어딘가에 있을 엄마한테 생리대 좀 가져다 달라고 소리를 쳤다. 생리대를 문틈으로 넣어 준 후 엄마는 문 앞에 서서 말했다.

"너 생리하는 거 참 부럽다. 그거 나쁜 피가 다 나오는 건데. 생리하고 나면 나쁜 게 다 나와서 피부도 맑아지잖아."

생리는 나쁜 피. 엄마는 거의 평생을 그렇게 믿고 살았다. 어디서 들었는지 뚜렷이 기억나지는 않지만 몸 안의 불순물들이 피와 함께 나오는 것이 생리혈이라고 들었다고 했다. 찌꺼기를 몰고 나오는 피니 당연히 '나쁜 피'라고 생각한 것이다. 때론 시커먼 피가 덩어리째 나왔기 때문에 육안으로 보기에도 나쁜 피가 분명했다. 생리가 점점 줄어들 당시 엄마는 생리를 오래하게 해 달라고 기도했다. 완경이 오면 나쁜 피가 그대로 몸 안에 고일까 봐 두려웠던 것이다.

실제로 서양 철학의 아버지 격인 소크라테스, 아리스토텔레스는 물론 의학의 아버지라 불리는 히포크라테스까지 모두 생리를 나쁜 혈이라 믿었다. 나쁜 것이기 때문에 남자는 하지 않고 여자만 했다고 보았다. 의학자 갈레노스는 여자의 몸은 남자의 몸처럼 정액을 만들 힘이 없어서 대신 피를 배출한다고 믿었다. 누군가는 여성은 음식물을 다 소화시킬 힘이 없어 소화되지 않은 음식 찌꺼기가 피와 함께 나오는 거라 여겼다. 철학과 의학은 오랫동안 남자가 지배하던 학문이다. 여자에 대해선 충분히 연구되지 않았고 되레 근거 없는 많은 미신과 편견만 남겼다.

생리를 하는 이유

여성의 몸과 생애를 진화론적 관점에서 다룬 웬다 트레바탄의《여성의 진화》에 따르면, 체내에 있는 세포를 죽이거나 죽여서 배출하는 일은 상당히 소모적인 일이다. 몸이 선호하지 않는 방식인 것이다. 그런데 여성의 몸은 평균 35년에 걸쳐 매달 상당한 양의 피와 함께 세포들을 배출한다.《여자, 내밀한 몸의 정체》를 쓴 나탈리 앤지어는 〈흡반과 뿔〉 챕터에서 여성의 생리에 관해 다룬다. 20년 넘게 생물학 관련 기사를 쓰고 있는 과학 전문 기자인 앤지어는 여성이 주기마다 반드시 '피를 흘려야 하는 이유'에 대해서 의문을 던진다. 임신을 위해 부풀어 올랐던 자궁벽을 이루는 세포들이 임신에 실패해 배출되는 것이 생리라면 굳이 그렇게 '많은 양'의 피를 흘려야 할 이유가 없기 때문이다.

자궁은 혈관을 가졌기에 피를 흘릴 수 있다. 이 글을 읽고 계신 분들 중 한번이라도 자연스럽게 '자궁에서 피가 나오니까 당연히 거기에 무수히 많은 혈관이 존재하겠지!'라고 생각하신 분이 있다면 진심에서 우러나오는 경의를 표한다. 어떻게 보면 너무도 당연하고 단순한 생각인데, 앤지어의 글을 읽기 전에는 감히 그렇게 생각해 볼 엄두조차 내지 못했다. 그렇다면 질문을 던질 수 있을 것이다. 자궁에 왜 그렇게 많은 혈관이 필요할까?

왜 그 많은 혈관들, 그 동맥 슬링키들을 지닌 것일까? 나선 동맥들은 커다란 드라큘라 같은 태반을 지탱한다. 태반은 태아 뇌의 성장을 뒷받침할 수 있을 정도로 크고 영양분을 충분히 공급받아야 한다. 뇌 조직은 만족할 줄 모른다. 무게 대 무게로 비교할 때, 뇌는 몸의 다른 조직보다 유지하는 데 열 배나 더 많은 비용이 든다. 임신 말기 석 달 동안에 태아의 뇌는 폭발적으로 성장하면서 탯줄을 통해 아기에게 들어가는 총 에너지 중 거의 4분의 3을 사용한다. 탯줄이 긴 소시지처럼 그렇게 굵은 것도 놀랄 일은 아니며, 출산 뒤에 살집 좋은 태반을 배출하는 것이 출산의 세 번째 단계(첫 단계는 자궁경부의 확장, 두 번째 단계는 태아의 분만)로 분류될 만큼 하나의 일로 여겨지는 것도 놀랄 일은 아니다. 아기의 뇌는 먹어야 하며, 그것은 피를 먹는다.

-나탈리 앤지어,《여자, 내밀한 몸의 정체》, 문예출판사, 179쪽.

여성의 몸은 임신을 준비하기 위해 생리를 시작한다. 인간의 뇌가 그 피를 필요로 하기 때문이다. 이 글을 쓰면서 다시 앤지어의 글을 읽었다. 처음 읽었을 때처럼 다시 한번 목을 타고 허리까지 전율이 느껴진다. 아기의 뇌는 피를 필요로 한다. 그 피를 준비해 두었다가 배출하는 것이다. 정교하고 섬세한 뇌가 없다면, 그 뇌로 뻗어 나가는 수만 갈래의 핏줄이 없다면 인간은 존재하지 못할 것이다.

앤지어의 주장은 가설 단계에 있다.《여성의 진화》에 따르면 가임기 동안의 모든 영장류 암컷은 난소 주기를 보이지만 모든 영장류가 수정으로 이어지지 않았다고 해서 생리를 하는 것은 아니다. 웬다는 '왜 인간은 생리를 진화시킨 것인가?'라는 질문을 던지면서 생리

생리 공감

를 하는 이유에 관한 다양한 관점을 제시한다. 생물학자 마지 프로펫 Margie Profet은 생리혈이 자궁 내의 병원체를 제거하려는 목적으로 진화했다고 했다. 성관계 중에 정액과 함께 들어온 병균을 없애기 위해 생리를 한다는 것이다. 그렇지만 이 주장은 다양한 반증에 의해서 힘을 잃었다. 오히려 생리할 때는 혈액으로 인해 병균이 번식하기 좋은 환경이 된다는 의견도 있다. 인간의 성관계 횟수가 늘어나면서 이전보다 생리를 하는 횟수도 늘어났다는 프로펫의 가설에 따르면 과거에는 성관계 빈도가 현재에 비해 적었다는 것인데 그것을 입증할 근거가 없다.

웬다 트레바탄은 인간의 생리는 단지 복잡한 생식 시스템이 진화하면서 생긴 부산물byproducts이라고 보는 대안적 가설을 제시한다. 왜 그런 현상이 일어나는지 설명할 수 없다는 것이다. 인간의 태반은 자궁벽을 깊이 침범하도록 진화했기 때문에 그 과정에서 부산물로 생리혈이 생겼다고 보는 입장이다.

이밖에도 왜 여성이 생리 주기에 많은 양의 피를 흘리는지에 관한 의견은 다양하다. 그러나 우리는 학교에서 이런 가설들에 대해 따져볼 시간을 갖지 않는다. 의무교육이라 불리는 공교육 안에서 반드시 몸교육이 있어야 하는 이유를 이 책에서 백번은 강조하고 싶은데, 생리를 '성적인 의미'와 분리시키기 위해서다. 여성이 왜 생리를 하는지에 대한 연구가 실행되고 이 연구로 도출된 내용들이(꼭 방점을 찍은 확실한 이유를 밝혀내지 못하더라도) 초등학교, 중학교, 고등학교 과학 시간 커리큘럼에 들어간다면 아이들은 어려서부터 충분히 이 피가 왜 흐르는지, 무엇을 위한 피인지 학문적이며 객관적으로 이해할 수 있을 것이다. 성별을 섞어 팀을 짜고 그 안에서 서로 이야기를 나누게 할 수도 있을 것이다. 그렇게 되면 이 피에 대해 근본적으로 생각하고, 피를 흘리는 노동에 대해서도 다시 돌아보게 될 것이다. 수업에 자극을 받은 어떤 학생은 생리를 전문적으로 연구하는 과학자나 의학자가 될 수도 있다. 그러다 보면 우리는 좀 더 이 피의 목적에 대해 그리고 이 피를 흘리는 여성에 대해 궁극적으로 알게 되리라.

2003년 모 신학대에서 한 원로 목사는 이렇게 말했다.

"여자들이 기저귀 차고 강단에 올라가? 안 돼. 분명히 아세요. 그게 보수고 성경적이고 신학에 맞는 거야."

"성경적이고 신학에 맞는" 명청한 소리를 쏟아 냈던 그의 뇌도 결국 이 피를 먹고 자랐을지 모를 일이다. 얼마 전 미국 태평양북서부 국립연구소PNRI에서는 정자와 난자가 만나는 수정 과정에서 주도권을 쥔 것이 난자라는 새로운 연구 결과를 내놓았다. 정자 수억 개가 난자를 향해 돌진하는 과정에서 가장 강한 정자가 살아남아 난자와 만난다는, 정자는 아주 빠른 수영선수처럼 멋있어 보이는 반면 난자는 수동적인 객체로 보이는, 기존의 상식을 뒤엎는 연구였다. 과학이 밝혀내지 못한 영역은 무궁무진하고 아직은 무엇이 맞다, 아니다, 섣불리 규정할 수 없다. 하지만 여성의 몸에서 일어나는 일조차 남성의 시각과 태도, 언어로 연구·기록되는 학문 관행이 이제 변해야 한다는 것만은 분명하다.

　　　　　　　　　　　　　　　　　　　생리 공감

아프니까 예민한 거다

✤

생리가 끝난 지 정확히 2주가 지난 무렵이었다. 왼쪽 아랫배 쪽이 피가 몰린 것처럼 뻐근했다. 눈 주변과 코와 입술 밑에 뾰루지도 나기 시작했다. 심장 박동 수가 빨라진 듯 불안하고 초조한 기분이 들었다. 짠 국물 음식과 라면, 단 빵이나 초콜릿이 당기고 성욕이 들끓었다. 매달 생리 전에 겪는 증상들이었다. 생리가 끝난 지 2주밖에 지나지 않았는데? 증상은 하루하루 심해져 복통과 다리 저림 현상까지 생겼다. 생리전증후군이 극심할 때는 밤에 누우면 두 다리에 모두 피가 통하지 않는 것처럼 저릿한 느낌도 든다. 그런데 이번에는 아예 다리에 쥐가 나는 게 아닌가. 다리를 천장을 향해 쳐들고 쥐가 사라지길 기다리며 생각했다. 뭐지? 무슨 일일까, 혹시 임신?

새벽에 핸드폰을 켜고 검색을 시작했다. 아랫배 통증, 뻐근함, 뾰루지, 불안·초조 증상…. 맘스카페나 지식인에 정리된 내용을 종합해보면, 나는 생리 중이거나 임신 중이거나 배란 중이었다. 생리가 끝난 지 2주일 지났으니 다시 시작할 리는 없다. 임신이 가능할 만한 행위도 하지 않았으니 그 가능성도 희박했다. 남은 건 배란통. 생리 시작일로부터 정확히 2주가 지난 시점이었다. 배란 시기와 일치했다. 나는 사흘 내내 지독한 다리 저림 때문에 잠에서 깼다. 이번엔 왼쪽 난소에서 배란이 되는지 왼쪽 자궁을 바늘로 콕콕 찌르는 듯한 통증이 밤낮으로 이어졌다. 당연히 피로가 쌓였다.

전에는 한번도 겪지 않았던 배란통이 왜 갑자기 생긴 걸까? 서른이 넘었으니 몸이 나이를 먹어서일까? 시간이 얼마 남지 않았으니 어서 빨리 임신하라고 내 몸을 재촉하는 걸까? 지겨웠던 통증은 5일째 되는 날 멈췄다. 더는 맑은 점액질의 분비물도 나오지 않았다. 그런데 일주일 후 다시 비슷한 통증이 시작됐다. 생리전증후군이었다.

무지가 주는 상처들

〈피의 연대기〉 관객 대다수가 여성이다. 영화제 기간에 나는 딱 두 번 극장에서 관객들과 함께 영화를 관람한 적이 있다. 내가 만든 영화를 보러 와 준 사람들과 한 공간에서 숨을 쉰다는 것은 어마어마한 경험이다. 극장이나 공동체에서 상영하면 가장 좋은 점이 관객의 반응을 바로바로 느낄 수 있다는 것이다. 언제 웃고, 언제 짜증 내고, 언제 집중하는지 알 수 있다. 사람들이 집중력을 잃는 순간이 오면 내 심장은 쪼그라들다 못해 터질 것만 같다. 그 장면이 왜 재미없는지 고민을 거듭하게 된다. 극장은 제한된 공간이라 모든 공기가 떠다닌다. 공기는 호흡과 소리, 감정까지도 전달한다.

영화가 끝나면 관객과 대화 시간을 가졌다. '모르는 것을 알게 됐다'고 좋아해 준 여성 관객이 많았고, 적극적으로 질문을 하는 남성 관객도 늘 있었다. 남성들에겐 완전히 생소한 정보였기 때문일까. 질문을 하는 남성 관객들 눈에서 일말의 경의까지 느껴졌다. 달이 차면 피를 흘리던 여성들에게 초자연적인 힘이 있다고 믿었던 원시 시대 남성들도 같은 마음이었을까.

예전에 영화나 드라마에서 자주 쓰인 대사가 "너 생리하냐?"였다. 딱히 생리를 지칭한 것은 아니고 누군가 갑자기 신경질적으로 반응하거나 '예민하게' 굴면 농담 삼아 던지던 말이다. 생리를 하면 예민해질 수밖에 없다. 감기 기운이나 몸살기, 체기가 느껴지면 사람은 누구나 예민해진다. 발목을 접질리거나 목에 생선 가시가 걸리기만 해도 하루 종일 불편하고 신경질이 나기 마련이다. 그럴 때 "나 지금 생선 가시가 목에 걸려서 그래" 하면 대개 "아 그래? 신경질 날만 하네" 하고 말할 것이다.

남성들은 생리를 하지 않기 때문에 생리에 대한 부정확한 정보를 거르지 않고 받아들인다. 자신들만의 스토리텔링으로 신화를 만들어 내기도 한다. 굳이 고추가 아니더라도 한 달에 한 번 일주일에 걸쳐 35년 동안 손톱에서 피가 흐른다고 상상해 보자. 예민하게 굴지 않을 사람은 한 명도 없을 것이다. 그런 세상이라면 누군가 갑자기 예민하게 굴 때 이런 대화가 오갈 것이다.

"야 너 왜 이렇게 예민해?"

"아, 나 손톱에서 피 흘리는 주기야."

"아 그래? 고생이다, 이 자식."

누구도 그 사람이 예민하게 구는 걸 못마땅해하지 않으리라. 그걸 농담 소재로 삼지도 않으리라. 예민하다는 표현을 비하나 놀림의 어투로 사용하지도 않으리라.

'예민한 날'이라는 미신

첫 상영 후 한 남성 관객이 이런 질문을 했다.

"남성이 할 수 있는 일은 뭔가요?"

한 달에 한 번 일주일 동안 밤낮 없이 피를 계속 흘리는 게(어떤 남성들은 아직도 생리가 남성들이 오줌을 눌 때처럼 원하는 때 피를 몇 번 싸고 처리할 수 있는 것으로 생각한다.) 어떤 건지 그냥 한번 상상해 보시면 좋을 것 같다고 답변했다. 어마어마한 피를 흘린다. 이 피를 처리하기 위해 생리대를 쓰는데, 여름에는 습하고 더워서 피부가 짓무르고 둔부가 뜨겁게 달아오른다. 겨울엔 어떨까? 추위 때문에 옷을 여러 겹 겹쳐 입느라 통풍이 되지 않는다. 계절을 막론하고 생리가 불편한 일인 건 마찬가지인 것이다. 생리 첫째, 둘째 날에는 '밑이 빠지는' 고통이 찾아오는데, 밑이 안 빠져 본 사람들은 알 수 없는 고통이다. 팬티나 이불보에 피가 묻으면 빨래의 노동이 시작된다. 진통제가 떨어진 날이면 한밤중에 배를 부여잡고 편의점으로 향한다. 영국의 일간지 〈인디펜던트

The Independent〉기사를 보면 어떤 여성들은 심장마비처럼 강렬한 생리통을 경험한다. 피임약을 중단한 이틀 뒤 나는 밤새도록 진통제 네 알로도 사그라들지 않는 아랫배 통증을 겪었다. 모든 것이 너무도 당연하게 예민해질 수 있는 상황인 것이다.

많은 사람이 여자들이 예민한 이유를 자궁 때문이라고 생각한다. 반면 남자들에겐 장기 하나를 콕 집어서 탓하지 않는다. 여자들이 생리 중에 신경질적이고 예민한 상태로 돌변한다는 얘기는 기반이 탄탄한 허구적 미신이다. 영국 작가 존 파울즈의 소설《프랑스 중위의 여자》를 보면 히스테릭한 여성 인물들이 등장한다. 실제 영국과 미국에서는 여성에게만 있는 정신병, 히스테리를 자궁과 연결시켜 생각했다. 남성들은 그렇지 않고 여성들만 그런 병에 걸리는 이유가 자궁과 관련이 높다는 것이다. 그러고 보니 스탕달의《적과 흑》, 슈테판 츠바이크의《초조한 마음》등 내가 좋아하는 서구 남성 작가들의 소설에는 늘 '신경성 두통'을 앓는 여주인공들이 등장한다. 그 여자들은 모두 하루 종일 침대에 누워 창백한 낯빛으로 자신을 구원해 줄 왕자가 나타나기를 기다린다. 물론 내가 한 말은 아니다. 남성 작가에 의해 소설에 묘사된 것이다.

흔히 여자들은 질투가 많고 예민하고 신경질적이라고 여겨진다. 그럼, 헤어지자는 여자친구 말에 칼을 들고 쫓아온 남자는 어떤가? 그는 무심한 사람인가? 술자리를 함께한 여자가 성관계를 거부했다고 폭행한 남자는 어떠한가? 그는 덜 신경질적인 사람인가? 합의된 성관계에서 합의 안 된 카메라를 설치해 상대 여성을 속이고 그것도 모자라 인터넷에 뿌리는 남자는 또한 어떠한가? 그들의 교묘하고 비열하며 저질스런 행동은 어디에서 그 진화론적 기원을 찾을 수 있는 건가? 그들의 폭력성은 어떤 장기의 잘못된 성질에서 비롯된 것인가?

생리를 생리라 부르지 못하고

✚

샬롯을 떠나보낸 후 나는 생애 처음으로 탐폰을 샀다. 국내 유명 생리
대 브랜드에서 만든 것이었다. 막상 사긴 했지만 어떻게 써야 할지 막
막했다. 분홍색 플라스틱 어플리케이터에 손잡이까지 갖춘 탐폰은 질
에 넣기에는 너무 '커' 보였다. 네이버에 들어가 탐폰 사용법을 검색하
자 '탐폰 사용' '탐폰 처녀막' '탐폰 질 늘어나지 않나요' 등등의 키워드
가 떴다. 간혹 정보 전달 포스트나 직접 써 본 사람이 사용 후기를 올
린 것도 있었지만 글을 읽으며 시도하려니 엄두가 나지 않았다.

　구글을 켜고 영어로 'Tampon'을 쳤다. 엄청난 양의 기사가 쏟아져
나왔다. 당시는 2015년 늦가을. 영미권 국가에서 생리와 관련된 어떤
일이 벌어지고 있는 것 같았다. 천천히 기사를 하나씩 클릭했다. 〈영
국의 뮤지션 생리 인식 개선을 위해 생리 중 탐폰 없이 마라톤 참가〉.
결승선으로 뛰어 들어오며 기쁨으로 두 팔을 번쩍 들고 있는 여성은
주황색 스판덱스를 입고 있었다. 그리고 그녀의 삼각팬티 라인 한가
운데는 붉게 피로 물들어 있었다.

면도기에는 없고 생리대에는 있는 부가가치세

영국은 1970년도부터 생리대와 탐폰을 럭셔리 아이템으로 분류해 면도기에는 붙지 않는 부가가치세를 매겨 왔다. 2015년부터 영국 여성들은 이 부가가치세 폐지를 위해 운동을 벌이고 있었다. 여성들은 빨간 물감으로 칠한 팬티를 머리에 뒤집어쓰고 시위 현장으로 나왔다. 흰색 스판덱스에 피가 묻도록 내버려 둔 여성이 커피숍과 지하철에 아무렇지 않은 표정으로 앉아 있는 사진도 있었다. 이후 미국의 한 예술가가 인스타그램에 잠옷바지와 침대보에 생리혈 묻은 사진을 올렸다가 아무런 사전 안내 없이 삭제당하는 일이 벌어졌다. 인스타그램 규정과 맞지 않는다는 것이 이유였다. 이 사건은 SNS를 타고 퍼져 나가 유명해졌다. 영국과 미국에서 연달아 터진 기념비적 사건들에 기름을 들이부은 이가 있었으니 바로 트럼프였다. 당시 공화당 대선 후보였던 트럼프는 FOX사에서 진행된 토론회에서 진행자 매긴의 날카롭고 공격적인 질문에 봉변을 당하고는 다른 매체와 인터뷰할 때 이렇게 말했다.

"그녀의 눈에서 피가 나오는 것 같더군요. 어쩌면 몸의 다른 곳에서 나오는 것이었을지도 모르죠."

트럼프가 눈엣가시 같았던 진보 매체가 들고일어났다. 시사주간지 《타임》과 《뉴스위크》에서는 그 기회를 잡아 생리에 관한 기사를 커버스토리로 실었다. 이런 영향 때문일까. 뉴욕에서는 한국보다 조금 이른 시기에 저소득층 소녀들이 탐폰과 생리대를 구하지 못해 학교를 빠진다는 사실이 처음으로 기사화됐다. 뉴욕시는 곧바로 공립학교와 노숙인 보호소, 시립 교도소에 무상으로 탐폰과 생리대를 공급하는 법안을 꾸리기 시작했다. 더 놀라운 사실은 이때부터 미국과 영국의 영화, 드라마, 시트콤에서 '생리하는 여성'들이 등장하기 시작했다는 것이다. 스티븐 킹이 《캐리》에서 묘사했던 상징적이고 은유적인 표현으로서의 생리가 아닌, 일상에서 피 흘리고 그 피를 처리하기 위해 고군분투하는 여성들 삶이 대중이 보는, 때로 극찬하고 호평하는 유수의 작품들에 등장하기 시작한 것이다.

잠시, 뉴욕시의 무상 생리대 법안 통과 현장으로 돌아가 보자. 2016년 미국에서도 탐폰 택스(탐폰에 부가가치세를 매기는 세법)에 대해 뜨거운 논쟁을 벌였다. 버락 오바마 대통령이 인스타그램 스타 잉그리드 닐슨Ingrid nilsen이 진행하는 쇼에 등장했다.

잉그리드가 물었다.

"탐폰이나 생리대는 여성들 삶에 정말 중요하고 건강에 영향을 미치는 생필품인데 왜 이런 제품들에 택스가 붙는 거죠?"

오바마가 대답했다.

"제 생각에는… 당시 세법을 만들던 사람들이 남자여서 그런 게 아닐까요?"

오바마의 이 발언은 뉴욕시를 상대로 한 무상 생리대 청원 운동에 큰 힘을 실어 주었다.

여성의 임신과 출산을 가장 고귀한 생명 활동으로 여기는 세상에서 생리는 왜 이렇게 비참한 처지에 놓이게 되었을까? 기술이 눈부

시게 발전한 현대 사회에서 왜 아직도 우리는 생리에 관해서는 초라한 정보만을 가지고 있을까? 세상은 오랫동안 남성의 언어로 기록되어 왔다. 생각해 보면 전체 인류 역사에서 여성이 직업을 갖고, 참정권을 갖고, 대학에 가기 시작한 역사는 길지 않다. 특히 의학과 철학, 문학이 태동해 발전하는 과정에서 여성의 목소리와 사유는 철저히 배제되었다. 철저히 남성 중심으로 학문과 문화가 정착된 이후에 태어난 세대의 여성들은 남성들이 다져 놓은 언어로만 학습해야 했다. 그로 인해 남성 중심 사회는 더 공고해졌다.

기울어진 세계의 균형을 바로잡기 위해선 성별을 아우르는 노력과 변화가 필요하다. 학문과 문화는 기억과 언어의 결합이다. 그 기억과 언어는 공동체의 경험을 바탕으로 해야 한다.

모두의 노력이 필요한 이유

수진 씨를 만난 건 2016년 1월 겨울이다. 다큐멘터리를 만들려면 나부터 생리컵 같은 대안 생리용품을 써 봐야겠다고 결심했지만, 어디서 정보를 얻어야 할지 막막했다. 유튜브에는 미국과 영국 등지에서 수많은 여성이 올린 생리컵 리뷰가 있었지만 나에겐 한국 여성의 후기가 필요했다. 2015년 12월 수진 씨의 블로그를 발견했다. 원래 수진 씨는 탐폰 사용자였는데 탐폰 쇼크를 되게 겪은 후 대안 생리용품을 찾다가 생리컵을 알게 되었다고 한다. 나는 수진 씨의 생리컵 후기를 읽고 내 첫 생리컵인 루넷컵Lunette cup을 주문했다. 그리고 용기를 내 수진 씨에게 쪽지를 보냈다.

'안녕하세요, 저는 생리에 관한 다큐멘터리를 만드는 김보람이라고 합니다. 반더킴 님의 블로그에서 생리컵 정보를 읽고 이렇게 쪽지 드립니다. 실례가 되지 않는다면 혹시 시간을 내주실 수 있을까요? 뵙고 여쭤 보고 싶은 것들이 있어서요.'

그렇게 수진 씨는 영화의 첫 인터뷰이가 됐다. 영화에는 나오지 않지만, 수진 씨한테서 이런 얘기를 들었다. 수진 씨가 고등학생일 때, 사용한 생리대를 깜빡하고 그대로 화장실에 펼쳐 놓고 나왔다고 한다. 뒤이어 들어간 아버지가 피 묻은 생리대를 접어 휴지통에 버린 모양이다. 거실로 나온 아버지는 수진 씨에게 이렇게 말했다.

"너만 생리한다고 자랑하느라 그랬지?"

중학교 동창인 서윤의 경우 거의 정반대 경험을 했다. 사용한 생리대를 잘 말아서 휴지통에 버렸는데 접착력이 없어 저절로 펴진 것이다. "이게 정신머리가 나갔나, 여자가 어딜 그런 걸 다 펼쳐 놓고 다녀?" 그걸 본 아버지에게서 서윤은 모욕에 가까운 꾸지람을 들어야 했다.

수진 씨는 당시 아버지의 반응이 자신이 생리를 거부감 없이 받아들이게 된 중요한 사건 중 하나라고 말했다. 수진 씨는 생리나 섹스, 여성의 몸에 대해서 알아 가고 표현하는 데 거부감이 없었다. 수진 씨가 자신의 몸에 대해 긍정적인 태도를 취할 수 있었던 건 부모님 영향이 컸다. 대학 다닐 때 생리대 때문에 힘들어하던 수진 씨에

게 어머니가 먼저 탐폰을 권했다. 그렇게 수진 씨는 탐폰이라는 '신세
계'를 만났고 쭉 탐폰을 쓰다 '탐폰보다 좋은 물건은 없을까' 생각하
던 중 생리컵을 찾았다. 수진 씨는 2015년부터 자신이 생리컵을 직
접 고르고, 주문하고, 써 보는 일련의 과정을 사진과 함께 솔직한 언
어들로 꼼꼼히 남겼다. 수많은 여성이 글을 읽고 댓글을 달았다. 쪽지
를 보내 더 많은 정보를 얻어 가기도 했다. 수진 씨가 세심하게 적어
놓은 실패담 덕분에 나는 시행착오를 줄여 나갈 수 있었다.

유리 씨는 면생리대를 쓴다. 초경을 시작하자 어머니가 거즈천으
로 생리대를 만들어 주셨다. 한동안은 그 면생리대를 사용했지만 빠
는 게 귀찮아 일회용 생리대를 쓰기 시작했다. 그러자 이전에 느끼지
못했던 생리통과 꿉꿉한 느낌이 심해졌다. 당시 남자친구가 면생리
대 만드는 모임에 가자고 유리 씨를 설득했다. 면생리대 경험자였던
유리 씨는 영 내키지는 않았지만 따라갔다. 그맘때에 기존보다 더 쉽
게 빨아 쓸 수 있는 보급형 면생리대가 판매되기 시작했다. 유리 씨
는 망설임 없이 보급형 면생리대를 구매했고, 기꺼이 빨래라는 노동
도 감수했다. 어머니가 초경 때 만들어 준 면생리대 사용 경험이 그
선택의 원동력이 되었다.

온전히 그 '피'가 주인공인 영화

조금 결이 다른 이야기인데, 〈피의 연대기〉를 만들기 시작하면서 2년

동안 어쩔 수 없이 일상 대화에서 생리, 질, 분비물 같은 단어를 많이 썼다. 아버지와 대화할 때도 예외는 아니었다. 어머니와는 종종 남자 친구, 성경험에 대해 이야기를 나누었지만 아버지와는 그럴 기회가 없었다. 오히려 그런 대화가 어색하고 불필요하게까지 여겨졌다. 물론 아버지는 내 몸에서 나오는 피보다 내가 감독으로서 하는 일에 더 관심이 많았다. 그래선지 생리와 관련된 기사가 나오면 링크를 모아 메신저로 보내 주셨다. 내가 쓰는 생리컵을 집에 가져갔을 때는 노안 안경을 쳐들고는 잔뜩 인상을 찌푸리면서 이리저리 컵을 돌려 보셨다. 그러고는 이렇게 감탄하셨다.

"이거 물건이다."

〈피의 연대기〉를 공개했을 때 딸을 둔 아빠들의 반응이 좋았다. 딸이 컸을 때 이런 정보들을 알려 줄 수 있는 아버지가 되고 싶다고 했다.

금기로만 존재했던 피에 대한 영화를 만들고 싶었다. 글이나 짧은 영상으로는 담아 낼 수 없는 영화적 시간 속에서 온전히 이 피에 관해서만 이야기하고 싶었다. 〈피의 연대기〉는 반드시 영화로 만들어져야 했다. 그리고 반드시 극장에서 상영되어야 했다. 스스로 영화적 성취도를 자부하기 때문은 아니다. 서로 전혀 모르는 타인들이 극장에 앉아 90분 동안 웃고, 고개를 끄덕이고, 때론 가슴 아파하는 경험을 나누었으면 해서다. 그 과정을 통해 너도나도 흘리는 이 피가 남녀노소를 불문하고 부끄러워할 일도, 성적으로 치부될 일도 아니라는 사실을 확인하고 공유하고 싶었다.

그렇게 나는 내가 보고 싶었던, 여자들의 경험이 직조된 이야기를 만들었다. 그리고 그 과정에서 구원을 발견했다. 구원이란 그 피를 드러내는 것이고, 그 피를 우리만의 문화로 만드는 것이며, 그 힘을 기반으로 시스템을 바꾸는 것이다!

우리는 모두 스토리텔러가 되어야 한다

2017년 8월 19일에는 '생리 파티'를 열었다. 〈피의 연대기〉를 함께 본 후 팟캐스트 '독일언니들'을 진행했던 맷돼지Matt돼지 님이 연출·진행한, 생리를 주제로 한 스탠딩 코미디쇼도 보았다. 영화와 스탠딩 쇼가 끝난 뒤에는 생리와 여성에 관해 자유롭게 이야기를 나누었다. 여자친구를 따라오거나 혼자 온 적극적인 남성 관객들도 함께했다. 140명 중 5명이 남자였다. 공연 목적은 오로지 재미였다. 맥주도 제공했는데, 재미있고 떠들썩한 분위기에서 몸에 대해 얘기 나누고 싶어서였다.

여성의 목소리는 더 많이 발화되고 더 자주 공유되며 더 촘촘히 기록되어야 한다. 작년부터 여성에 관한 기사, 책, 특집 방송 들이 쏟아져 나왔다. 하지만 사람들이 주로 보는 TV드라마와 상업영화에서는 여전히 여성의 피 흘리는 일상이 드러나지 않는다. (영화 속 여성의 피는 대부분 '시체'와 더 관련 있어 보인다.) 여성이 흘리는 피에 대해 남성들과 함께 이야기해야 할 이유다. 생리는 일상이고, 몸의 자연스러운 일이며, 때로는 엄청난 고통과 노동과 비용을 수반하는 것으로, 설명만으로는 충분히 체감할 수 없다. 우리는 모두 스토리텔러가 되어야 한다. 미국의 흑인 사회가 '검은색은 아름답다Black is beautiful'를 외치며 그동안 자신들을 억압한 피부색이 지닌 상징을 반전시켰듯이 우리도 공유되는 경험들 속에서 이것이 인간의 일이며, 인생의 일부라는 스토리를 쌓아 나가야 한다. 이 피는 부끄럽지도 더럽지도 신경질적이지도 않다. 오히려 대담하고, 가능성이 무한하며(녀도 만들 수 있는), 매우 정당한 예민함을 지닌다. 이제 이런 이야기를 남성들과 공유하고, 인류 절반의 경험과 기억이 아닌 인류 전체의 유산, 공동의 기억이 되도록 해야 한다.

질 탐구,
몸 공부

쥐뿔도 모르고 자랐다

✚

고등학교 2학년이 되던 해 처음으로 마거릿 애트우드 여사의 《시녀 이야기》를 읽었다. 흔히 SF소설로 분류되지만 이 책은 현실의 시스템이 내재한 악마성을 극한까지 몰고 가 디스토피아를 보여 준다는 점에서 현실보다 더 현실 같은 작품이다. 등장인물들의 감정 변화를 섬세한 문체로 그려 내기도 했다. 하지만 나는 서늘하고 정제된 문장들 사이로 야한 장면을 찾아 헤맸다. 소설에서 명확하게 나타나진 않지만 어떤 대재앙 혹은 기후 변화 이후 미국은 재생산이 불가능한 토양이 된다. 이야기 속 세상은 불모의 땅이 된 국가를 재건하기 위해 재생산이 필수이자 유일한 목적이 된 사람들의 지배를 받는다. 임신이 가능한 여성이 시녀로 분류되고 그 시녀들이 각 사령관의 집으로 오로지 재생산만을 위해 배정되는 이야기. 금지된 성애와 성적 접촉은 필연적으로 존재할 수밖에 없었다. 열일곱 살 때 제인 캠피온 감독의 영화 〈피아노〉를 볼 때도, 무라카미 하루키의 《상실의 시대》를 읽을 때도 나에겐 늘 '특수한 목적'이 있었다. 다음 장을 넘기면 야한 장면이 나올 거라는 기대감. 아무도 내가 야한 걸 읽는다고 생각하지 않으리라는 데서 오는(모두를 속일 수 있을 거라는 혹은 이미 모두를 속였다는) 성취감. 문학 속에서 성에 대한 호기심을 충족하거나 대리만족을 하는 건 여러 면에서 편리했다. 수업 시간에 책을 몰래 읽어도 선생님은 슬쩍 눈감아 주셨고, 지하철이든 어디에서든 이미 읽은 야한 장면을 몇 번씩 다시 읽곤 했다. 그렇게 10대 후반에 나는 늘 '끓어오르는' 호기심과 충족되지 않는 욕구로 야한 이야기를 찾아 헤맸다.

성에 대한 궁금증으로 들끓던 시절

예술고등학교 문예창작과였던 우리는 3년 내내 같은 반이었다. 42명 중 7명만 남성이었다. 우리는 시도 때도 없이 야한 농담을 했다. 친구 대부분이 성경험이 있다는 걸 숨기지 않았다. 주민등록증을 위조해 클럽에 갔고 클럽에서 만난 남자의 집으로 직행한 대범한 친구들도 있었다. 나는 그렇게 일찍 성적 주체성을 인식하고 실행에 옮긴 친구들을 존경하고 동경했다.

기독교 집안에서 태어난 나는 어려서부터 개신교 세계관을 따르며 자랐다. 교회에서 가장 중요하게 가르치는 것이 혼전순결이다.

"그날 나 브라자 끈 끊어지는 줄 알았잖아. 그 오빠가 하도 세게 잡아 당겨서."

당시 아직 경험이 없던 나는 친구들의 무용담을 자양분 삼아 성장

⑺했다. 하루는 친구 집에 모여서 실제 성기가 모두 노출되는 포르노를 보았다. 요즘 말로 하면 주요 성기 부분에 모자이크 처리를 하지 않은 노모 포르노였는데 대부분 오빠나 남동생 컴퓨터에 접속해 이미 다운로드된 파일을 틀어 보는 식이었다. 처음 포르노를 접했을 때 나는 친구들과 있던 방에서 뛰쳐나와 한참을 울었다. 나 자신이 더럽혀진 것 같았고 하나님께 죄를 지은 것만 같았다. 그러면서도 연애는 하고 싶었다. 내가 좋아하는 누군가의 손을 잡고 싶었고 키스도 하고 싶었다. 겁이 나지 않은 건 아니었지만 섹스도 시도해 보고 싶었다. 그렇게 무수한 에너지와 호기심 그리고 두려움과 죄책감이 뒤섞여 나는 욕구불만인 상태로 대학에 갔다.

성인이 되었고 고등학교 때보다 남자가 훨씬 많은 커뮤니티로 진입했으니 나는 그동안 쌓아 둔 욕구와 호기심을 자유롭게 펼칠 수 있어야만 했다.

어디서 이런 호기심의 회로가 끊겼는지 기억나지 않는다. 10대 시절, 고등학교라는 공교육 기관을 졸업한 그때부터 '야성'이 사라지는 건지도 모른다. 진짜 사회라는 정글에서 적응하기 위해 이전까지 가지고 있던 야만성을 버려야 하는 건지도. 다른 누군가는 졸업 후 대학에서 더 많은 자유를 누렸을 수도 있다. 내 경우는 학교 특성상 고등학교 때 더 많은 자유를 누렸지만 말이다.

고등학교 때 지방에서 열리는 백일장에 참여하려고 우리는 하루 전날 서울을 떠났다. 백일장이 열리는 곳 근처에 여관을 잡았다. 여관 방에서 무심코 텔레비전을 틀면 돈을 내지 않아도 포르노가 나왔다.

우리는 머리를 감고 나와 옷을 갈아입으며 때로는 벌거벗은 채로 예능을 보듯 포르노를 봤다. 성적 흥분은 느끼지 않았고 깔깔대면서 그야말로 오두방정을 떨었다. 거리낌 없이 나를 까 보이고 거침없이 대화를 나누던 우리 '야만인'이 그 이후 각자 어떻게 되었는지는 알 수 없다.

대학에 간 이후 나는 문명사회에 진입한 듯 불편하고 어색했다. 갑자기 만나게 된 선배와 동기들 앞에 나를 어떻게 보여 줄지 몰라 망설이다 결국 아예 친해지지 않는 쪽을 택했다. 우리 학번은 남자보다 여자가 훨씬 많았다. 그중엔 여러 차례 학교를 옮겨 다니거나 다시 학교를 들어와 우리와 나이 차이가 많은 언니들도 있었다. 하지만 고등학교 때처럼 서로 성 지식을 교류하는 일은 없었다. (소규모 단위로 비밀리에 주고받는 걸 내가 몰랐던 걸까?) 취업을 잘하려면 지금부터 중국어를 해야 한다거나 국문과는 취업이 어려우니 경영학을 부전공으로 해야 한다는 소리만 들려왔을 뿐이다.

누구도 제대로 알려 주지 않은 섹스

문명사회는 본질을 왜곡시킨다. 호기심과 함께 야만적으로 떠들던 언어들도 사라지게 한다. 공교육이 사라진 시점에서 대학은 실질적인 문제에 대해선 입을 닫았다. 섹슈얼리티 어쩌고 프로이트 저쩌고 이론과 철학들은 도처에 널려 있었지만 진짜 섹스를 하게 될 경우

생리 공감

부딪힐 수밖에 없는 문제들은 성인이 된 각자에게 맡겨졌다. 친구들은 경험이 전무했다. 이제는 결혼을 한 친구에게 요즘도 가끔 성생활이 어떤지 말해 보라고 부추기지만 친구는 애매한 웃음만 짓는다. 누군가에게는 불편한 질문일 수 있다. 야만인들이 각자의 길로 접어든 후 그렇게 나는 섹스에 대해 대화 나눌 상대를 잃었다. 결국 실제 삽입섹스가 가능한 관계에 진입했을 때 나는 예상하지 못했던 일들을 겪어야 했다. 나는 성인이었고, 그것은 오롯이 내가 해결해야 할 문제였다.

학교에서는 어리다며 가르쳐 주지 않았고, 대학에서는 그건 각자의 몫이라며 아무도 간섭하지 않는다. 열여덟 살 때 사귄 남자친구는 내게 '섹스가 너무너무 하고 싶다'고 말했다. 그의 욕망은 그대로 언어가 되어 나왔다. 왜곡은 없었고 오해할 일도 없었다. 나는 대답했다. **"나도 하고는 싶은데 무서워, 그러니까 안 할래."** 대학이나 직장에서 사람들은 애매모호한 말로 자기 욕망을 포장한다. 섹스가 하고 싶다고 정확하게 말하면 상대도 정확하게 거절하거나 합의할 수 있다. 하지만 문명사회를 살아가는 성인 간의 대화는 그렇게 이루어지지 않는다. 그래서 폭력이 벌어졌을 때 사실 내 마음은 그게 아니었다고 내 말의 기표를 보라고 증거가 어디 있냐며 피해자를 추궁한다. 나는 그렇게 대학교 내 성폭력이 발생한다고 생각한다. 무방비 상태에서 성인이 된 우리는 도처에 있는 폭력에 노출된다. 함께 몸교육을 받고 자랐어야 할 남성들 또한 똥인지 된장인지 구분할 수 없는 처지기 때문에 이런 말을 술자리에서 서슴없이 내뱉는다.

"아 나 **학번 개랑 잤어."

"걔 내가 임신시켰어."

"걔 가슴 완전 서양인 가슴이야."

여자들도 거기에 동조한다.

"아 그 선배 완전 걸레라며?"

"걔 낙태했다던데."

"아 걔랑 걔랑 모텔 가는 거 사람들이 다 봤다던데?"

부당한 폭력이 발생해도 여성들은 다른 여성에게 말할 수 없다. 이곳은 문명사회이기 때문이다.

씁쓸한 경험

문명사회에서 이런 일이 벌어졌다. 대학 2학년이 되자 군대 갔던 고학번 남자 선배들이 우르르 복학을 했다. 오매불망 학교에서의 연애를 갈망하던 내게는 무척이나 반가운 일이었다. 남자 선배들과 조금씩 친해질 무렵, 학교 앞에서 자취를 시작했다. 그리고 집 가까운 곳에 사는 선배와 다른 사람들보다 조금 더 가까워지기 시작했다. 선배는 내가 살던 옥탑방의 블라인드를 설치해 주기도 하고 주말에는 같이 점심을 먹으며 시간을 보냈다. 그에게 이성의 감정을 느끼진 않았다. 나는 종종 선배가 혼자 있는 집에 가서 밥도 먹고 텔레비전도 함께 보면서 시간을 보냈다. 누군가는 이렇게 말할 것이다.

"마음이 있으니까 혼자 있는 집에 갔겠지."

마음이 있었다. 편하고 좋다는 마음. 편하고 좋다고 해서 손을 잡고 키스를 하거나 섹스를 하고 싶다는 말은 아니다.

자취 생활은 6개월 만에 끝이 났다. 급하게 구한 탓인지 한여름 지붕에서 비가 새기 시작했다. 그리고 어느 날 창밖에서 방 안쪽을 들여다보고 있는 안경 낀 남자와 눈이 마주쳤다. 다행히 그날은 고등학교 동창 세 명이 집 구경 겸 놀러 온 날이었다. 친구들은 창문이 보이지 않는 바닥에 앉아 있었고 나는 창문이 대각선으로 보이는 곳에서 옷을 갈아입고 있었다. 티셔츠를 벗고 무심코 창문 쪽으로 눈을 돌렸는데 찰칵, 하는 핸드폰 카메라 작동 소리가 들렸다. 그 순간 황급히 얼굴을 숨기는 남자의 안경이 보였다.

"야 들었어?"

내 눈을 의심하며 친구들에게 물었다. 친구들은 아무도 소리를 듣지 못했다고 했다. 나는 다시 창문을 봤다. 그때 다시 남자의 안경이 나타났다 사라졌다. 우리는 밖으로 나왔다. 한 친구가, 처마 밑으로 날아드는 비둘기를 쫓아내려고 현관문 옆에 세워 두었던 대걸레 자루를 들고 창가 화단 사이로 걸어갔다. 그리고 무작정 어둠 속의 공간을 향해 대걸레 자루를 쑤셔 넣었다. 곧바로 안경 쓴 작은 체구의 남자가 튀어나왔다. 남자는 어둠이 반쯤 얼굴을 가린 곳에 서서 출구를 가로막은 우리와 마주 섰다. 친구 둘은 남자보다 덩치가 컸다. 그리고 우리 손에는 대걸레 자루가 들려 있었다. 몸싸움을 해도 이길 수 있었지만 그때 우리는 모두 숨기기 힘든 두려움을 안고 서 있었다. 서로 몸을 떨고 있다는 걸 느낄 정도였다.

"아무 잘못 없어요. 바람 쐬러 올라온 거예요."

우리의 두려움을 눈치 챈 걸까? 남자는 외마디 소리를 지르더니 후다닥 우리를 밀치고 계단을 뛰어 내려갔다. 남자가 도망간 뒤 뒤늦게 경찰에 신고했지만 남자의 흔적을 찾을 순 없었다. 친구들이 돌아간 후 나는 몇 날 며칠 밤을 뒤척여야 했다. 현관문 앞에 신문이 놓이는 소리에도 놀라곤 했다. 밤이 되어 집에 올 때면 한 손에는 대걸레 자루를 쥐고, 한 손에는 플래시를 들고 창문 앞 화단을 수색했다. 아는 선배가 문 앞에 두라며 커다란 남자 신발을 가져다주었고, 집까지 데려다주기도 했지만 나는 한 달을 버티지 못했다. 독립한다며 기세등등하게 나올 때와 달리 짐을 싸서 다시 집으로 들어가는 내 뒷모습은 초라했다.

집에서 학교를 다니게 된 이후 수업과 수업 사이 남는 시간에는 앞서 말한 친한 선배 집에서 시간을 보냈다. 대체로 그 시간대에 선배는 수업이 있어 빈 공간을 나 혼자 사용할 수 있었다. 감기에 걸린 어느 날, 감기약을 먹고 선배 침대에서 잠이 들었다. 그런데 갑자기 내 옆에 누군가 눕는 인기척이 느껴졌다. 돌아보니 선배가 내 옆에 누워 물끄러미 나를 바라보고 있었다. '어 변태야?!' 너무 그렇게 생각하진 말자. 그 무렵 나는 선배가 나를 좋아한다는 사실을 알고 있었고, 그렇게 과감한 시도를 하는 선배를 조금은 새로운 시선으로 보게 됐다. 우리는 키스를 하기 시작했다. 하지만 나를 물끄러미 바라보던 선배 눈빛과 마주했을 때 느껴지던 어떤 일렁임은 온데간데없고, 불편한

생리 공감

기분만 들었다. 나는 그만하자고 정중히 이야기했고 선배도 더는 매달리지 않았다.

시간이 흘러 해가 바뀌고 나는 학번이 차이 나는 다른 선배와 사귀게 되었다. 사귀기로 한 이후 우리는 바로 유사 성행위를 시작했다. 이제 와서 생각해 보면 우리가 한 것은 모두 섹스였으나 당시 아직 삽입섹스 경험이 없던 나로서는 진짜 섹스를 했다는 생각은 들지 않았다. 선배는 언제나 삽입섹스를 원했다. 그때 나는 스물두 살이었는데 아직 삽입 성경험이 없었다. 삽입을 하려고만 하면 몸이 경직되었고 성기가 내 질에 조금이라도 들어가면 온몸이 반으로 쪼개질 것 같은 통증이 느껴졌다. 삽입섹스 경험이 없어 두렵다는 내 말에 선배는 미묘한 표정을 지으며 말했다.

"뻥치지 마."

선배에게는 이미 내 말을 거짓말로 치부할 만한 분명한 단서가 있는 것 같았다.

"정말 아니야."

"아 알았어."

정말? 선배는 뻔히 거짓말을 하는 아이를 달래는 표정으로 알았다며 고개를 끄덕였다. 속아 주마, 그런 얼굴을 하고. 무엇이 그 선배를 그토록 확신하게 했는지는 알 수 없었다. 어딘가에서 내 소문이 돈 걸까? 선배의 절박한 매달림과 더는 삽입섹스 경험이 없다는 사실을 주장하기 애매해진 나는 어느 날 용기를 내어 삽입섹스를 시도했다. 선배는 아파하고 몸부림치는 나를 요염을 떨거나 수줍음을 연기하는 사람처럼 생각했을지 모른다. 삽입은 잘되지 않았고 선배는 몇 차례 억지로 성기를 밀어 넣었다. 선배는 다행히 5분을 못 버티는 타입이었고 삽입 후 얼마 지나지 않아 사정했다. 그런데 그날부터 소변을 보거나 길을 걸을 때 질에서 참을 수 없는 아릿한 고통이 느껴졌다. 통증이 나흘째 지속되던 날 결국 학교 앞 산부인과를 찾았다.

"무슨 일로 오셨어요?"

"냉 검사 하려요."

산부인과에 가면 일반병원에 갔을 때와 달리 데스크에서 이것저것을 물어본다. 무슨 증상이 있어서 왔는지, 마지막 생리 일은 언제인지, 삽입섹스 경험이 있는지 없는지. 그날 나는 작은 목소리로 냉 검사를 받으러 왔다고 말하고 삽입섹스 경험에 대해서는 고개를 끄덕이는 것으로 대신했다.

나이 지긋한 여의사가 카랑카랑한 목소리로 나를 맞았다. 냉을 검사하기 위한 기구를 질에 집어넣은 뒤 의사가 물었다.

"여기 아프지 않았어?"

"네, 아파요."

"혹시 성폭행 당했어요?"

"네? 아니요."

"그럼? 오빠가 억지로 넣었구나? 그럼 안 되지."

의사 선생님은 내 질이 미세하게 찢어졌다고 했다. 그래서 소변을 보거나 움직일 때마다 따가운 통증이 있었던 거라고. 그날 이후 그 선생님 말을 한순간도 잊은 적이 없다. 성폭행이 아니라면 남자친구가 그랬을 거라는 단순한 결론. 얼마나 많은 여성이 그런 일로 병원을 찾은 걸까? 합의된 성관계에서 생긴 상처와 고통은 오직 여성만 책임질 일일까? 냉 검사 결과 별 이상은 없었다. 나는 항생제를 처방받아 집으로 돌아왔다. 돌아오는 버스에서 눈물이 난다거나 하지는 않았다. 다만 이상하리만치, 억지로 밀어 넣어 내 질을 찢어지게 한 '오빠'에게만큼은 오빠 때문에 내 질이 찢어졌다는 말을 할 수 없었다. 그 선배와는 석 달을 못 버티고 헤어졌다.

한참 시간이 흐른 뒤, 잠자던 내 옆에 누웠던 그 선배가 술에 취해 말했다. 그때 나랑 키스한 걸 남자 선배들이 술 마시는 자리에서 말했다고. 미안하다고. 술기운에 그냥 그랬다고. 무엇을 이야기했어? 선배는 전부 다 기억이 나지 않는다며 말을 흐렸다. 그날도 나는 울지 않았다. 다만 남자 선배들이 모여 앉아 있는 술자리를 그려 보았을 뿐이다. 한 명 한 명의 얼굴이 떠올랐지만 그 안에서 실제로 어떤 대화가 오갔을지는 가늠할 수 없었다. 인간적인 관계를 맺었다고 생각했던 사람들… 나를 하나의 인격체로 대해 줬다고 믿었던 사람들…. 그 사람들이 둘러앉은 자리에서 오갔을 내 몸에 관한 말들.

"뻥치지 마."

"오빠가 억지로 넣었구나?"

남자친구가 내게 놀리듯 한 말과 산부인과 검사대에서 들었던 의사의 말이 내 안에서 소용돌이쳤다. 그리고 친했던 그 선배가 술자리에 모여 있는 남자 선배들 앞에서 우쭐대며 내뱉은 형체 없는 말도 귓가에서 맴도는 것 같았다. 그 말 때문에 나는 다른 사람과의 섹스에서 "뺑치지 말"라는 말을 들어야 했던 것일지 모른다. 그 말은, 무슨 의미였을까? 그렇게 내 첫 삽입섹스는 질에 작은 상처와 여러 말을 남긴 채 끝이 났다.

쥐뿔도 모르고 자란 우리

시간이 흘러 내가 알게 된 건 건강한 관계는 나를 양보하는 것이 아니라 나를 지켜 내는 관계라는 것이었다. 무조건 내 뜻대로, 내가 원하는 대로 해야 한다는 것이 아니다. 관계를 맺을 때 우리는 상대의 욕망과 주장에서 자신을 지키며 관계도 지켜야 하는 숱한 상황과 마주한다. 그런 상황들에 맞서 나를 지킬 수 있을 정도의 정서적인 대비가 되어 있지 않으면 우리는 상황과 '내가 좋아하는 사람'이라는 두 칼날이 들이미는 공격을 피해 갈 수 없다. 하루가 멀다 하고 누가 누굴 성추행하고, 성폭행했다는 기사가 뜬다. 모르는 사람들 사이의 일이 아니다. 술자리에서 만나 '일정한 시간을 함께 같이 보낸 누군가'는 물론 오랜 세월을 함께한 배우자나 연인과의 사이에서 일어나는 일이다. 문명사회에서 어엿한 어른으로 자라난 우리건만 왜 자꾸 똑같은 문제를 저지르는 것일까? 나는 우리 모두가 쥐뿔도 모르고 자랐기 때문이라고 생각한다. 나와 상대의 몸에 대해 아는 게 거의 없어 무엇이 예의이고, 폭력인지 인지하지 못할 만큼 멍청한 상태에서 '대학'이라는 공간에 진입했기 때문이다. 그리고 그 공간에서 아무런

생리 공감

깨달음과 반성 없이 다시 직장에 들어가고 가정을 꾸렸기 때문이다.

사람들은 말한다. 왜 성폭력 피해자들이 폭력이 일어난 순간에는 아무 방어도 하지 않았다가 한참 뒤에 그 일을 끄집어내 '폭력'이었다고 말하는 거냐고. 그게 잘못된 것인 줄 알았다면 바로 말했어야 하지 않느냐고. 하지만 피해 당사자도 당시에는 그게 폭력인 줄 모른다. 왜냐하면 그게 폭력이라는 걸 미리 배우지 않았기 때문이다. 시간이 흘러 그와 관련된 지식이나 경험이 깊어지면서 그때 그것이 폭력이었다는 걸 깨닫는다. 혹은 무심코 길을 걷다 갑자기 온 마음과 몸이 진동하면서 당시의 기억이 되살아나는 경우도 있다. 나도 그랬다. 심지어 산부인과를 나온 후 친한 친구에게 이렇게 문자를 보냈다.

"야, 나 오빠랑 하다가 질 찢어졌어. 지금 산부인과 갔다 오는 중ㅋㅋㅋ."

시간이 흘러 만약 내가 상처를 극복하지 못하고 어떤 계기로 이때 이 일을 '성폭행'이었다고 증언한다면, 친구에게 낄낄대며 보낸 이 문자는 이 관계가 '폭행'이 아니었다는 증거로 쓰일 것이다. 나는 관계 후에 내 질이 찢어졌는데도 웃고 그에 관한 농담을 지껄였기 때문이다.

야성은 하고 싶을 때 하고 싶다고 표현하고, 하기 싫을 때 하기 싫다고 표현하는 것이다. 호기심이 있으면 그 호기심을 내비치지만 자신이 원하지 않는 선까지 누군가 나를 밀어붙이려고 할 때는 악을 지르며 뒤돌아서 가 버리는 것이다. 날카로운 이빨과 손톱을 들어 상대에게서 나를 온전히 보호하기 위해 싸우는 것이다. 당시 나는 내가 삽입섹스를 하지 않으면 선배가 나를 떠날까 봐 두려웠다. 공개적으로 시작한 연애가 너무 일찍 끝나 버리는 게 창피했다. 관계는 오직 나와 상대의 존엄성을 지켜 내기 위한 싸움이라는 것을 그땐 몰랐다. 오히려 두 사람을 둘러싼 주변과 관계라는, 모호하고 불규칙적인 상징을 지켜 내기 위해 애썼을 뿐이다. 내게 야성이 살아 있었다면 나는 따져 물었을 것이다. 왜 내가 한 말을 믿지 않아? 왜 나를 거짓말쟁이라고 몰아? 이를 으르렁거리며 나를 지키기 위해 포효했을 것이다. 그만, 아프니까 그만해. 우리가 헤어지더라도 내가 아픈 건 싫어!

나는 문명사회에 길들여져 있었다. 벌어지는 일들에 내가 본능적으로 느낀 감정이나 통증을 호소하지 않았다. 그날의 일이 내 의사와 상관없이 일어났고, 그가 '연인'이라는 이름으로 행한 일이 내게는 폭력이었다는 걸 알게 된 건 10년 가까운 시간이 흘러서였다. 나를 탓하지 않기 위해 열심히 싸워야 했다. 그리고 더는 자신을 소중히 돌보지 않았던 스스로를 미워하지 않게 된 순간 알게 됐다. 충분히 질이 젖지 않았을 때 억지로 성기를 삽입하면 어떤 일이 벌어질지 누구도 내게 알려 주지 않았다는 걸. 생리가 나오고 남성 성기가 삽입되는 질 구멍이 어디에 어떻게 나 있는지, 질이 어떤 조직인지, 어떻게 반응하는지 전혀 알려 주지 않았다는 걸. 그렇게 무지한 상태에서 나는 오직 타인의 취향과 바람에 맞추려고 노력했던 것이다. 그래도 되는 걸까? 아니다. 그래서는 안 된다. 10년이 지나서야 나는 이런 결론에 도달했다. 그러나 여전히 벗어날 수 없는 질문도 있다. 그때 남자

생리 공감

친구는 내가 왜 거짓말을 한다고 생각했을까? 삽입섹스가 처음이라는 걸 강조해서 내가 얻는 이득이 무엇이라고 생각했던 걸까?

처녀막 얘기는 이제 그만

✚

고등학교 때 한 여자 친구는 열일곱 살 때 이미 상당한 성적 경험을 이뤄 냈는데, 내게 이런 말을 한 적이 있다.

"넌 진짜 처음 하면 피 엄청 흘릴 거야."

이유는 내가 몸집이 작고 한번도 성경험이 없었기 때문이다. 그 친구는 내가 몸집만큼 작은 질 구멍을 가지고 있으리라 생각했다. 친구 말을 믿었다. 그리고 은근히 성경험 할 날이 오기를 기대했다. 남자들은 좁은 질을 선호한다는 말도 있었다. 백인 남성들이 아시아 여성을 좋아하는 것도 백인 여성보다 상대적으로 몸집이 작은 아시아 여성이 더 작은 질을 갖고 있기 때문이라고도 했다.

아쉽게도 첫 경험 때 내가 피를 어마어마하게 흘리는 드라마틱한 상황은 벌어지지 않았다. 미세하게 질이 찢어졌을 뿐이다. 엄마의 친구 P는 언제나 남편과의 첫날밤을 자랑스럽게 이야기했다. 그분 말에 따르면 남편이 그녀의 '첫 번째'여서 처녀막이 찢어지는 바람에 엄청나게 피를 흘렸다는 것이다. 처녀막? 처녀성? 다 옛날이야기라고 생

생리 공감

각했다. 인공지능이 바둑 천재 이세돌과 대결해 압승을 거둔 나라에 더는 처녀막 미신 같은 건 없을 거라고.

두 개의 구멍

영원중학교 2학년 3반을 촬영하는 날, 우리는 1년 넘게 전 세계에서 모은 생리용품을 한가득 준비했다. 남자 11명, 여자 10명으로 총 21명인 반이었다. 우리가 교실에 들어서자 잔뜩 신이 난 아이들이 우리를 반겼다. 아이들이 아무 말도 하지 않으면 어떡하지? 촬영 전 가졌던 우려와 달리 아이들은 적극적이었다.

"생리컵이 뭔지 아는 사람?"

누구도 모르리라 생각하고 던진 말이었는데 21명이 전부 손을 들었다. 그중 한 친구에게 뭔지 묻자, "실리콘으로 만든 컵을 접어서 '그 안'에 넣어서 피를 흡수하는 게 아니라 담아서 버리는 거요"라고 마치 누가 미리 가르쳐 준 것처럼 정확히 대답했다. 어디서 생리컵을 처음 봤냐는 질문엔 한결같이 "페이스북 광고요." "유튜브에서요."라고 대답했다.

아이들은 나 때보다 훨씬 많은 정보를 인터넷으로 접했다. 내가 생리컵 사용법을 배운 유튜브 채널을 아이들은 이미 알고 있었다. 전파력도 빨랐다. 같은 공간에서 하루 종일 지내는 아이들끼리 공유되지 않는 정보는 없었다. 순간 나는 당황했다. 뭐지? 더 가르쳐 줄 게 없는데 무슨 이야기를 하지?

이야깃거리가 떨어진 우리는 챙겨 간 생리용품을 서둘러 꺼냈다. 일회용 생리대, 면생리대, 탐폰, 해면 탐폰, 스펀지 탐폰, 일회용 생리컵, 실리콘 생리컵…. 아이들에게 나누어 주고 만져 보게 했을 때 아이들은 대체로 즐거워했다. 남자아이들도 거리낌이 없었다. 질문 시간이 되자 가장 관심을 보이던 한 남학생이 번쩍 손을 들었다. 무지개 색이 그라데이션으로 들어간 동유럽산 생리컵을 만지작거리면서.

"근데 이거 끼우고 있다가 화장실 가고 싶으면 어떻게 해요?"

'에이, 설마!'라고 할 사람도 있겠지만 세상엔 의외로 두 가지 구멍을 구별하지 못하는 사람이 많다.

나한테서 생리컵을 처음 접한 친구 J는 초등학교 선생님이다. 어느 날 J의 반 아이 부모가 연락을 해 와, 아이가 초경을 했는데 무얼 어떻게 가르쳐 줘야 할지 모르겠다며 상담을 요청했다. 5학년을 맡은 J는 반 아이 중 대다수가 초경을 치렀음을 감안해 생리 교육을 하기로 했다. 문제는 가이드라인이 없다는 것이다. J뿐 아니라 만났던 많은 초등학교 선생님이 초등학생들을 위한 성교육 교재 하나가 없다며 안타까워했다. 초등학교에서는 성교육을 담임교사가 아닌 보건교사가 맡는데 보건교사가 가르칠 수 있는 것도 약물, 담배 같은 것으로 국한돼 있다. 어른들 입장에서 아이들이 하지 않았으면 하는 것들을 가르치는 교육인 것 같다. 그마저도 오랜 시간을 할애하지 않는다. 진짜 몸에 대해 가르치는 교육이 끼어들 자리는 없는 셈이다.

J가 생리에 대한 이야기를 시작하자 아이들은 엄청난 집중력을 보

였다. 생리컵을 설명할 때는 생리컵을 유리컵이라 생각해 경악하는 아이들도 있었다. "생리컵을 어디에 넣어요? 입에다가 넣어요?"라고 묻는 아이도 있었다. 그때 한 아이가 손을 들고 물었다.

"근데 오줌 마려우면 어떡해요? 오줌 나오는 데랑 달라요?"

순간 J는 막막해졌다. 두 개의 구멍이 다른지 같은지 확신이 서지 않았다. 당시 J는 삽입섹스 경험이 있었다. J가 이 일을 친구들에게 말하자 친구들은 어떻게 그걸 모르냐고 되물었다.

"언니 몸이잖아."

J가 대답했다.

"한번도 누가 나한테 그 두 개의 구멍이 다르다고 말해 준 적 없어."

조가비는 이상하게도 아래쪽 구석에 숨겨진 채 만들어져 있어서, 남자가 여자 자신보다 여자의 몸을 훨씬 더 많이 보게 된다. 그래서 나는 우선 내 점액이 어떻게 보이는지, 어떤 냄새가 나는지, 어떤 맛이 나는지 알고 싶다. 그냥 누워서 모든 것이 남자의 맘에 들기를 바라는 것이 아니라.

– 샤를로테 로쉬, 《습지대》, 문학세계사, 67쪽.

선택을 가로막는 것

생리컵을 끼우면 오줌은 어디로 싸느냐는 학생 질문에 우리는 바로 '여자 몸에 구멍이 몇 개 있는지 알아보는' 시간을 갖기로 했다. 아이들의 의견은 구멍이 두 개라는 쪽과 세 개라는 쪽으로 나뉘었다.

"왜 구멍이 세 개인지 말해 볼 사람?"

한 남학생이 용기 있게 손을 들었다.

"오줌 싸는 구멍, 똥 싸는 구멍, 그리고…."

아이들은 마지막 구멍에서 별안간 웃음을 터뜨렸다. 책상을 치며 웃는 아이도 있었다. 성적인 모든 것이 웃길 나이다. 그 아이들은 순수한 호기심으로 가득 찬 10대였다. 하지만 잔혹한 이야기를 듣기도 하는 때다. 중학교 때 학교의 무서운 선배들이 나와 같은 학년의 여자애를 콕 집어 '언젠가 따먹는다'는 말을 퍼뜨리고 다닌 적이 있다. 당시 나는 '따먹는다'는 말이 정확히 무슨 뜻인지 몰랐지만 어감 때문에 온몸이 반으로 쪼개지는 것 같은 느낌을 받았다. 하루가 멀다 하고 신문에서는 10대 청소년 간 성폭행, 교사의 학생 성폭행, 성폭행, 성폭행…. 기사가 끊이질 않는다. 아이들의 맑은 얼굴에서 나는 어떤 위기감도 느끼지 못했지만 동시대 비슷한 또래의 아이들이 당하거나 저지르는 일들을 생각하면 이들과 어떤 대화를 나눠야 할지 난감하기만 했다. 그때 한 여학생이 손을 들었다. 손에는 빼다 만 탐폰 어플리케이터가 들려 있었다.

"근데 이거… 한 번 해야… 된다던데."

뭘 해요??

"이걸 뚫어야 들어간대요."

뭘 뚫어요???

"처녀막…."

아이들이 다 같이 소리쳤다. 처녀막! 아이들이 이미 너무 많은 정보를 가지고 있어 나는 신화에 가까운 처녀막 미신도 이미 알고 있으리라 생각했다. 질 입구에 처녀막이 있고, 첫 삽입섹스 때 이 막이 뚫린다는 게 미신인 이유는 생리혈이 나오는 통로가 질이기 때문이다. 처녀막이라는 것이 아직 성경험이 없는 모든 여성의 질을 막고 있는 것이라면 생리가 시작될 때 모든 여성이 산부인과를 찾아야 한다. 그 막을 뚫어 생리혈이 바깥으로 나오게 해야 하니까. 처녀막이라는 낡은 단어가, 페이스북·유튜브를 통해 생리컵을 알고 사용법까지 익힌 아이들 입에서 나오리라고는 상상도 못했다. 그 순간 나는 어떤 간극을 발견했다. 감당할 수 없을 만큼 수많은 정보가 넘쳐 나지만 정작 아이들에게 필요한 정보는 찾을 수 없는 것이다. 실제로 아이들은 처녀막이 궁금해 인터넷 검색을 했다. 그런데 '그린 캠페인'이라는 제도 때문에 처녀막이 성인 인증을 거쳐야만 검색할 수 있는 단어로 분류되어 있었다. 처녀막을 검색해 실제 처녀막이 무엇이고 어떻게 생겼는지 알 수 있었다면 처녀막을 뚫어야 탐폰이 들어간다는 생각은 애초에 하지 않았을지 모른다. (하지만 여전히 인터넷에는 처녀막에 대한 잘못된 정보가 많다.)

그런데 네이버에서 탐폰을 치면 가장 많이 나오는 질문이 "탐폰' 쓰면 처녀막 찢어지나요?'다. 사람들이 탐폰에 대해 어떻게 생각하는지 더 알아보기 위해 탐폰을 검색어로 넣고 지식인이나 커뮤니티 같은 사이트를 반복적으로 들어갔다. 한 맘카페(어머니들이 모이는 카페)에서 흥미로운 글을 봤다. 아이가 미대 입시 준비반이라 하루에 10시간씩 앉아서 그림을 그리는데 생리 주기만 되면 너무 힘들어해 탐폰을 쓰게 해 달라고 했다는 것이다. 글을 올린 어머니는 아직 10대인 딸아이의 질에 탐폰을 넣어도 건강상 문제가 없는지, 처녀막이 찢어지는 것은 아닌지 걱정했다. 다른 엄마들도 댓글에 아직 아이인데 탐폰은 좀 그렇지 않겠냐고 답했다. 우리 어머니 세대는 탐폰 경험이 없다. 그래서 때로는 '어머니'가 딸아이가 탐폰을 쓰는 데 가장 큰 걸림돌이 되기도 한다.

인터뷰에 응한 윤미 씨도 비슷한 일을 겪었다. 중학교 때 친구들과 워터파크 가기로 한 날이 생리 주기와 겹쳤다. 윤미 씨는 모아 둔 용돈을 털어 탐폰을 산 뒤 몰래 숨겨 집으로 가지고 왔다. 하지만 어디에 어떻게 넣어야 할지 알 수 없었다. 엄마 몰래 거울을 꺼내 놓고 자신의 성기를 처음으로 들여다봤다. 윤미 씨는 그때 일을 회상하며 이렇게 말했다.

"죄책감이 들었어요. 죄를 진 것 같은 느낌?"

1971년에 유한킴벌리는 한국 최초의 상업용 일회용 생리대를 출시한다. 비슷한 시기에 탐폰도 국내에 들어왔다. 킴벌리 클라크에서는 탐폰을 쓰면 생리 중에도 승마를 하거나 테니스를 칠 수 있다며 부유층 여성들을 공략했다. 재미있는 건 주니어 탐폰 광고에 야구를 하는 여성이 등장한다는 것이다. 실제 나는 한국에서 10대들이 탐폰을 사용하지 않는 가장 큰 이유가 학교에서 체육 활동을 하지 않기 때문이라고 생각한다.

대학 다닐 때 하와이에 있는 삼촌 댁에 간 적이 있는데, 중·고등학생인 사촌들은 모두 여자였다. 하루는 숙모와 동생이 플래카드를 만들고 있었다. 축구 경기에 나가는 첫째를 응원하기 위한 것이었다. 학교에서는 남자 축구팀, 여자 축구팀을 모두 운영했다. 하와이에서 나는 와이키키에 있는 한인 식당에서 아르바이트를 했는데 일을 마치고 돌아오는 길에 자주 야구하는 10대 소녀들을 볼 수 있었다. 그녀들은 어두운 거리를 밝게 비추는 야구장 조명 아래서 신나게 웃고 떠들었다. 경기를 관람하는 학부모와 친구들의 환호성도 들려왔다. 나는 경험한 적 없고 보지도 못한 활기로 가득 찬 풍경이었다.

학교에서 활발히 체육 활동을 한다면 아이들은 더 나은 선택지를 요구했을 것이다. 수업 커리큘럼에 수영·단체 체육 활동 같은, '국민 체력 증진'에 실제로 도움이 되는 수업이 들어가 있다면 아이들과 학부모는 적극적으로 그 수업에 참여하기 위한 방법을 고민했을 것이다.

고대의 여성들도 탐폰을 썼다. 이집트 여성들은 파피루스로 탐폰을 만들었고, 로마 여성들은 울로 만들었다. 일본 여성들은 종이로 만들어 썼다. 하와이 원시 부족 여성들은 하와이 지역에서만 나는 양치식물로 탐폰을 만들었다. 그들은 질 안으로 무언가(이 문화권의 특산물을)를 뭉쳐서 밀어 넣는 형태의 삽입형 기구를 사용했을까? 왜 그렇게까지 해서 피가 밖으로 흘러내리지 않도록 했을까? 그들도 질 내에 삽입하는 편리한 생리용품이 필요했을 것이다. 기록되지 않아 유추할 수밖에 없지만 채집을 하고 노동을 하고 집을 짓고 이동을 할 때 흘러내리는 피를 더 손쉽게 처리하려면 어떤 형태로든지 탐폰이 필

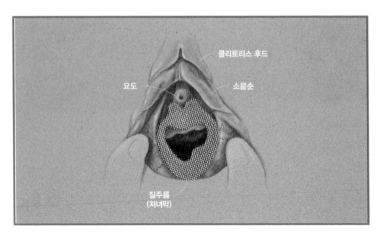

클리토리스 후드

요도

소음순

질주름
(처녀막)

흔히 말하는 처녀막은 질주름이다. ⓒ최미혜

요했으리라.

수천 년이 흐른 지금 현실은 이렇다. 인터뷰를 위해 만난 가연 씨는 열일곱 살이었다. 학교 수련회를 앞둔 가연 씨는 그때가 생리 주기라는 사실을 알게 되었다. 수련회 레크리에이션에 강에서 바나나보트 타는 것도 포함되어 있었다. 가연 씨는 이 프로그램이 제일 기대되어 놓치고 싶지 않았다. 어머니와 상의한 끝에 생리 주기를 미루기 위해 피임약을 먹기로 했다. 탐폰은 선택지에 없었다.

"탐폰을 쓸 수 있었다면, 그런 방법을 알았다면 그렇게 했을 거예요. 생리대를 차고 바나나보트를 탈 수는 없으니까요. 하지만 탐폰을 쓰는 것보다 피임약을 먹는 게 훨씬 쉬운 일처럼 느껴졌어요."

피임약이 안전하게 여겨지지만 자신에게 맞는 피임약을 고르는 건 쉬운 일이 아니다. 나만 해도 촬영감독이 쓰던 피임약을 먹은 후 일주일간 구토와 복통에 시달렸다. 탐폰을 오래 쓰는 것이 걱정된다면 수영을 하거나, 여행을 가거나, 생리대를 차기 어려운 특별한 일이 생길 때 한번씩 쓰는 것으로도 충분하다. 필요에 따라, 상황에 따라 선택해서 쓸 수 있는 것, 그 선택을 가로막는 것이 '처녀막'이라면 문제가 심각하다.

질에 손가락 넣어 보셨나요?

종종 길을 걷다가 무심코 자신의 사타구니를 긁는 남성들을 본다. 가끔 그들이 부럽다. '그쪽'이 간지럽거나 따가울 때 사람들이 지나다니는 길에서 망설임 없이 긁을 수 있는 용기가 있어서. 믿기지 않을 수도 있겠지만 여자들도 가끔 그곳이 이유 없이 가렵거나 따가워 긁고 싶을 때가 있다. 하지만 나는 길에서 아래쪽을 대놓고 긁는 여성을 본 적이 없다. 나는 어떠냐고? 앞뒤를 살펴 사람들이 없는 것을 확인한 후 긁는다. 시원하다!

늦은 밤, 골목 한구석에서 벽을 보고 서서 휘청거리는 남성을 본다. 그의 바지 앞섶이 열려 있는 것도. 그는 틀림없이 벽에다 오줌을 갈기고 있을 것이다. 시원하겠지. 몇 년 전 촬영차 농촌에 갔을 때다. 촬영지 근처에는 화장실이 없었다. 밭을 가로질러 가 쌓여 있는 볏단 뒤에 숨어 오줌을 누었다. 난생처음 바람이 오가는 길에 엉덩이를 까고 앉아서. 시원했다.

차별받는 성욕

2차 성징이 일어날 때 남자아이들은 몽정을 한다. 남자아이들이 몽정을 한다는 것은 이미 이때부터 성욕이 생긴다는 과학적인 증거로 여겨졌다. 그렇다면 여자아이들은 어떨까?

2017년 9월 미국의 콘텐츠 스트리밍 서비스인 넷플릭스에서 획기적인 애니메이션이 나왔다. 제목은 〈빅 마우스BIG MOUTH〉. 10대 아이들이 2차 성장을 겪으면서 벌어지는 이야기다. 여기에 제시라는 여자가 등장한다. 어떤 캐릭터일까? 제시를 묘사하기 위해 나도 모르게 '똑 부러지는', '자기주장이 강한'이라는 수식어를 쓸 뻔했다. 생각해 보면 이런 표현은 여자아이들의 성격을 묘사할 때 주로 쓰인다. 제시는 호기심 많고 적극적인 10대 소녀다. 어느 날 제시도 2차 성징을 맞는다. 2차 성징을 맞은 남자아이들처럼 몸의 변화를 느끼고 성적 관계에 대한 욕구에도 눈을 뜬다. 어떤 상상을 하면 이상하게 배 아래에서부터 간지럽고 이상하리만치 나른한 기분이 드는 것을 발견한다.

그러던 어느 밤, 제시의 질Vagina이 제시에게 말을 걸어온다. 애니메이션에서는 질이 말을 걸어오는 것으로 표현하지만 나는 일상생활에서 여자아이가 문득 자신의 질을 인식하고 성적 욕구를 감지하는 시점을 표현한 것이라고 생각한다. 어렸을 때 나도 그랬다. 좋아하는 남자아이와 우연히 살이 스치면 배꼽 아래쪽부터 질까지 감전된 것 같은 한번도 느껴 보지 못한 감각이 지나갔다. 제시는 팬티를 내려

부드럽게 자신에게 말을 거는 질을 내려다본다. 질은 자신을 이루고 있는 기관들을 하나하나 친절하게 설명해 준다. 자신을 날개처럼 덮고 있는 것이 무엇인지, 오줌이 나오는 요도와 질 구멍은 각각 어디에 있는지 등에 대해서. 제시는 질의 안내에 따라 클리토리스를 자극해 처음으로 자위를 하고 오르가슴을 느낀다.

남성들 성욕은 당연하고 자연스러운 것으로 받아들여지는 반면 여성들 성욕은 자연스럽지 못하고 부적절한 것으로 받아들여지는 이유 중 하나가 몽정 때문은 아닐까? 여자아이들도 가시적으로 보이는 성욕이 2차 성징 때 나타났다면 어려서부터 자연스러운 성적 욕구를 지닌 존재로 인정받았을지 모른다. 그러면 여성의 질 또한 남성의 성기처럼 공공연하게 이야기되었을지도. 드라마나 예능 프로에서 남성 성기가 의지와 상관없이 발기되는 건 유머 소재로 자주 쓰인다. 그에 반해 여성의 성기는 공공연하게 발화될 기회가 없다. 남성은 급할 때 길에 서서 오줌을 누지만 여자는 그렇지 않다. 미국 작가이자 배우인 레나 던햄이 만든 드라마 〈걸스GIRLS〉에서 주인공 제사가 거리에서 오줌을 누는 장면이 나온다. 그것도 한낮에. 제사는 늘 예상에서 벗어나는 행동을 하는 캐릭터지만 그 장면에서는 다른 장면에서 느낄 수 없었던 불편함이 느껴졌다. 벽에 대고 오줌을 싸는 남자를 보면 그런가 보다면서 고개를 돌리는 내가 여성이 길에서 오줌을 싸는(치마에 가려져 보이지는 않지만) 장면을 볼 때는 불편해했던 것이다.

〈피의 연대기〉가 영화제에서 상영된 이후 몇 차례 강의 요청을 받았다. 한번은 중학생 자녀를 둔 부모님들 모임이었고, 한번은 한 대학

생리 공감

교 양성평등센터로부터였다.

"질에 손 넣어 보신 분 계세요?"

누군가 손을 들리라 생각하고 던진 질문은 아니었다. 역시나 아무도 없다. 남자들만 있는 공간에서 '자위해 본 적 있느냐?'는 질문을 던졌다면 어땠을까. 아마도 손을 들지 않은 사람이 이상한 사람 취급을 받을지 모른다.

엄마 말에 따르면, 일곱 살 때 나는 종종 바닥에 앉아 엄마의 화장 거울로 내 성기를 관찰했다고 한다. 작은 몸을 한껏 구부려 거기에 뭐가 있는지 궁금해하면서 이리저리 비춰 보았다는 것이다. 엄마가 그렇다니 그렇게 알 뿐, 사실 나는 전혀 기억이 나지 않는다. 초등학교 3학년 때 엄마가 학부모 일일교사로 학교에 왔다. 강단에 선 엄마는 자신의 성기에 대해서 알고 싶으면 거울로 들여다보면 된다고 아이들에게 일러 주었다. 그러면서 이렇게 덧붙였다.

"보람이도 어렸을 때 그렇게 했어."

서른한 살이 된 나는 가끔 내 손을 들여다본다. 쫙 펴 보고, 주먹도 쥐어 보고, 손톱이나 손마디 주름도 유심히 관찰한다. 하릴없이 얼굴을 쓰다듬기도 하고 무의식중에 발가락도 잡아당긴다. 내게는 눈가를 비비는 습관이 있고 입술을 잘근잘근 깨무는 버릇도 있다. 샤워를 마치고 나오면 거울 앞에 서서 온몸에 로션을 바른다. 중요한 약속이 있는 날에는 다리와 비키니 부위(음모)를 면도하고, 한 달에 한 번 목욕탕에서 남의 손에 몸을 맡겨 때도 민다. 하루에도 몇 번씩 내 몸을 만진다. 나이를 먹어 갈수록 몸에 더 신경이 쓰인다. 하지만 더는 거울에 성기를 비춰 보진 않는다. 기억이 남아 있는 한, 그런 적은 한번도 없다.

질에 손가락 넣어 보셨나요?

그날 나는 하릴없이 페이스북 타임라인을 보고 있었다. 검지로 스크롤을 하고 있는데 무언가가 내 시선을 확 사로잡았다. 작고 둥근 손잡이가 달린 종이 일렬로 늘어서 있는 사진이었다. 무심코 사진을 클릭했다. 당시만 해도 menstruation 생리이라는 영어 단어도 몰랐다. 사진 제목에 menstrual cup 생리컵이라는 단어가 쓰여 있었지만 무슨 뜻인지 전혀 몰랐기 때문에 늘어서 있는 작은 종과 생리의 연관성을 감히 상상하지도 못했다.

얼마 뒤 나는 우연히 알게 된 스타트업 엔젤 투자자에게서 스마트 생리컵을 만드는 사람에 관한 이야기를 듣게 됐다. 한국의 한 남성 창업자가 생리컵 내부에 마이크로칩을 부착해 생리컵에 생리혈이 80퍼센트 이상 차오르면 컵이 핸드폰 앱으로 신호를 보낼 수 있는 기술을 개발 중이라는 것이었다. 나는 그 이야기를 듣고 그냥 웃고 말았다. 획기적이긴 하지만 불가능한 기술이라 생각했다. 내 주변이나 그 어느 곳에서도 생리컵을 쓴다는 여자를 본 적이 없기 때문이다. 사실 생리혈을 흡수하지 않고 컵에 받아서 버린다는 말이 크게 와 닿지 않았다. 머리로는 아, 그럴 수도 있겠군, 하고 생각했지만 몸으로는 말

생리 공감

도 안 되는 일이라고 결론지었다.

당시만 해도 네이버에 '생리컵'이라는 세 글자를 치면 나오는 게 별로 없었다. 외국으로 유학 가서 처음 생리컵을 써 본 여성이 자신의 블로그에 올린 후기를 보았을 때는 '편리하긴 한 것 같은데 조금 특이한 물건인가 보다'고 생각하고 말았다. 누군가 개발해서 소수의 여성들이 쓰다가 세상에서 사라져 버린 물건 정도라 여겼다.

운명의 장난이었을까? 샬롯을 만난 후 나는 탐폰과 생리대에 천착하면서 생애 처음으로 내가 흘리는 피에 대해 생각하게 되었고 마침 그 무렵 페이스북과 엔젤 투자자, 블로그를 통해 생리컵을 접하게 된 것이다. 그리고 마침내 이 '피'에 관한 다큐멘터리를 만들어야겠다고 확신하게 되었다.

본격적인 취재를 위해 생리컵을 검색하기 시작했다. 생리 다큐멘터리를 만들려면 만드는 사람이 생리컵 정도는 써 봐야 하는 거 아닌가? 하지만 생리컵 쓰는 나를 떠올릴 수 없었다. 생리컵을 일단 써 보기로 마음먹고 나서도, 어떤 컵을 어떻게 사야 하지? 사서 내 몸에 안 맞으면 어떡하지? 하는 불신과 답을 들을 수 없는 질문만 쌓여 갔다. 그때만 해도 생리컵 종류가 이렇게까지 다양한 줄 몰랐다. 그러다 '반더킴'이라는 닉네임을 쓰는 사람의 블로그에 들어가게 되었다. 생리컵에 대한 상세한 리뷰가 올라와 있었다. 내가 생리컵 구매를 망설이던 무렵 그녀는 생리컵을 사서 쓰기 시작했다. 생리컵 리뷰 첫 번째 포스트(2015년 12월 11일 글)에서 나는 난생처음 보는 단어를 발견했다.

나는 자궁이 높은 편이라 낮은 자궁부터 높은 자궁을 모두 커버하는 루넷컵으로 선택했고 초심자이므로 너무 부드럽지도 너무 딱딱하지도 않은 모델1로 결정했다. (자궁 높이는 셋째 손가락을 질 안으로 넣어 잴 수 있다. 손가락 한두 마디 안에 자궁이 닿으면 낮은 자궁, 손가락을 다 넣어도 닿지 않으면 높은 자궁, 그 중간은 보통 자궁. 자궁 높이에 따라 쓸 수 있는 생리컵이 나뉜다.)

낮은 자궁, 높은 자궁, 보통 자궁이라. 그때까지만 해도 자궁 길이가 여성마다 다르다는 생각은 하지 못했다. 사실 자궁 관련해서는 공간 감이 전혀 없었다. 보이지도 않거니와 남성 성기를 제외하곤 무언가를 넣어 본 적도 없기 때문이다. 생리컵을 쓰기 전에 자궁 길이를 재어야 한다는 말은 이제 생리컵에 관심 많은 여성들 사이에서는 상식으로 여겨진다. 하지만 상당수의 여성이 바로 그 대목에서 생리컵을 시도할 용기를 잃는다. 꾸준히 대안 생리대에 관심을 갖고 면생리대를 사용해 온 H는 생리컵에 호기심이 생기고 한번 써 보고 싶다는 생각이 들기도 하지만 자신에게 맞는 생리컵을 찾기 위해 질 안으로 손가락을 넣어 봐야 한다는 것 때문에 망설여진다고 인터뷰 때 말했다.

"무섭고 께름칙하달까."

생리컵을 쓴 뒤 나는 생리컵 전도사가 되었지만 가장 친한 친구들에게도 복음을 전파하는 데 실패했다. 그녀들 모두 자궁 길이를 재는 난관을 넘어서기가 두렵다고 했다. 나도 그랬다. 수진 씨는 블로그에 손가락으로 자궁 길이 재는 법을 자세히 기술해 놓았다. 나는 그녀의 조언에 따라 가운데 손가락을 질 안에 넣어 보기로 했다. 손을 깨끗하게 씻고 손톱을 깎고 모든 준비를 마쳤지만 쉽사리 손가락을 넣을 수 없었다. 속옷을 벗고 침대에 누워 다리를 벌린 뒤에도 몸은 잔뜩 긴장한 상태에서 벗어나지 못했다. 당시 나는 삽입 공포에서 벗어나 자유롭게 삽입섹스를 즐기고 있었고 이미 한국 나이로 서른 살이었다.

수진 씨 친구이자 페미니스트로서 다양한 미디어 콘텐츠를 만드는 혜지 씨는 인터뷰에서 이렇게 말했다.

"근데 왜 손을 안 넣어 보는 건데?"

혜지 씨는 오히려 자기 질에 손가락을 넣어 보지 않은 여성들을 의아하게 생각했다. 자기 몸인데 궁금하지 않느냐는 것이다. 남성과 삽입섹스를 자유롭게 하는 여성들도 자신의 손가락을 넣어 보는 것은 저어하는 경우가 많다. 내 경험상 이렇게 남성 성기와 자기 손가락을 분리해서 생각하는 것은 질이 성적인 기능을 하는 신체 부위라는 생각이 지나치게 강하기 때문이라고 생각한다. 그러니 내 '손', 즉 전혀 성적이지 않은 신체 일부가 내 '질', 성적인 곳에 들어간다는 생각, 상상 자체가 자연스럽지 않은 것이다. 내가 좋아하는 팟캐스트 '독일언니들' 진행자이자 이제는 한국에 돌아와 스탠딩 코미디언을 꿈꾸는 맷돼지 님은 자신의 스탠딩 코미디쇼에서 이렇게 말했다.

"질도 페니스처럼 튀어나와 있으면, 어렸을 때부터 이리저리 갖고 놀기도 하고 내 거랑 남 거 비교도 해 보고 그랬을 텐데."

사실 보이지 않아서 생기는 두려움이 크다. 보이지 않고, 익숙하지 않은 곳이어서(어려서부터 차근차근 자주 만져 주던 곳이 아니기 때문에) 혹시 손을 넣었다가 내부에 상처를 남기는 것은 아닌지, 들어갈 때 아픈 것은 아닌지, 귓속이나 콧속으로 너무 깊이 무언가를 넣었을 때 느껴지는 이상한 촉감과 통증이 있는 것은 아닌지 걱정이 된다.

이렇게 해 보면 어떨까? 몸교육 시간에, 각자 집에서 자신의 질과 대화하는 시간을 갖고 한 페이지짜리 일기로 써 와 제출하는 것이다. 선생님이 그것을 읽을 필요는 없다. 아이들에게 예쁜 봉투를 하나씩 나누어 준 뒤 거기에 그 일기를 담아 놓았다가 성인이 되었을 때 꺼내 보라고 하는 것이다. 매년 이 과정을 반복한다. 몸이 성장하면서 아이들이 자기 질과 나눌 수 있는 대화도 달라질 테니까. 성인이 된 그녀는 서랍에 쌓인 일기를 꺼내 보면서 몸이 변하는 동안 함께 변해 준 질을 더욱 친숙하게 느끼게 될 것이다. 시간의 흐름에 따라, 몸의 성장에 따라 꾸준히 질과 소통하고 질을 알아 가려는 노력을 하지 않으면 성인이 된 후 자기 손가락도 넣어 본 적 없고, 제대로 본 적도 없는 내 몸의 기관을 다른 사람의 성기가 제일 처음 방문하도록 내버려 두게 될 것이다.

내 몸이야, 괜찮아

유튜브를 켰다. 수진 씨도 자주 참고해 추천해 준, 브리라는 영국 10대 소녀가 운영하는 채널이었다. 그곳에서 브리는 10대도 생리컵을 쓸 수 있다는 점을 강조하며 몸소 다양한 생리컵 사용 후기를 남겼다. 사람들 호응이 폭발적이었다. 어떤 영상은 조회 수 백만을 넘겼다. 간혹 10대 때부터 생리컵을 쓰면 몸에 안 좋다는 훈계의 댓글도 있었지만 가볍게 무시당했다. 브리는 가운뎃손가락을 넣어 자궁 길이를 재는 법부터 컵이 질 안으로 들어가면 어떤 모양으로 자리 잡는지까지 솔직한 언어로 사람들이 정말로 궁금해하는 것들을 해소해 주었다.

브리는 일단 긴장을 풀어야 한다고 했다. 힘을 주면 아무것도 할 수 없다. '내 몸'을 '내 몸'으로 들여다보는 것일 뿐이야, 나는 스스로를 다독였다. 내 몸이야, 괜찮아. 내 몸이잖아, 뭐 어때. 일단 구멍을 찾아야 했다. 가운뎃손가락으로 질을 조금씩 만져 나가기 시작했다. 그냥 훑는 것이 아니라 구멍이 있으리라 예상되는 지점에서는 조금 더 깊숙이 넣었다. 그러다 분비물이 나오는 구멍이 있는 것을 발견했다. 조금 더 깊숙이 넣자 손가락 끝이 쏘옥 들어갔다. 한번에 푹 넣기는 무서워 조금씩 밀어 넣었다. 우려와 달리 아무런 통증이 없었다. 조금씩 조금씩 더 넣기 시작했다. 자궁경부에 손가락이 닿았다. 흠칫, 놀랐다. 약간 찌릿한 느낌이 드는 것도 같았지만 아프진 않았다. 실제로 손가락 끝이 자궁경부에 닿고 나서야 질에 나 있는 어떤 길을 따라가야 자궁까지 가는지 처음으로 알 수 있었다. 아래를 내려다보자 손가락이 거의 들어가고 뿌리만 남아 있었다. 음, 중간 정도의 길이군. 다행히 수진 씨의 자궁 길이와 비슷한 것 같았다. 나는 그렇게 수진 씨가 선택한 것과 같은 루넷컵을 주문했다. 한 번 손가락을 넣자 갑자기 자신감이 무한대로 솟았다.

얼마 후, 영화를 만드느라 극심한 스트레스에 시달리는 바람에 질염에 걸렸다. 시간이 없어 산부인과에도 못 가고 매번 팬티를 축축하게 적시며 흘러내리는 분비물과 밤이면 기승을 부리는 가려움증에 시달렸다. 산부인과는 주변에 잘 없다. 내과나 이비인후과, 치과 등은 건물마다 다닥다닥 붙어 있는데 산부인과는 보기 드물다. 한번 시간을 내 산부인과를 가야 했지만 그럴 여력이 없었다. 그러다가 우연히 인터넷에서 집에서 만든 요거트를 탐폰에 묻혀 질 안에 15분 정도 넣어 두면 빠른 시간 안에 가려움증을 해소할 수 있다는 포스트를 읽었다. 당시 우리 집에는 촬영 때 쓰고 남은 탐폰이 어마어마하게 많았다! 게다가 냉장고에는 매일 만들어서 먹는 수제 요거트까지 있었다. 나는 탐폰을 꺼내 요거트를 잔뜩 묻힌 뒤 질 안으로 밀어 넣었다. 두려움은 없었다. 10년 전 바닷가에서 경험했던 통증도 없었다. 박하사탕을 깨물었을 때처럼 요거트를 묻힌 탐폰은 질 안에서 상쾌하고 청량한 느낌을 주며 순식간에 가려움증을 가시게 했다. 후에 나는 이 방법이 의사들이 딱히 권장하는 방법이 아니라는 사실을 알았지만 산부인과도 가지 못하고 매일 밤 통증과 가려움증에 시달리던 내게는 시원한 자유를 선사한 선물이었다. 탐폰에 요거트를 묻혀 질 안으로 자신 있게 밀어 넣을 수 있었다는 데 엄청난 자부심을 느꼈다.

질염 통증이 점점 더 심해져 결국 산부인과에 갔다. 옷을 벗고 다리를 벌리고 누운 뒤 심호흡을 했다. 전처럼 소형 카메라를 질 안으로 밀어 넣어 질 구석구석을 들여다보는 검사가 두렵지 않았다. 차가운 기구가 안으로 들어갈 때 작은 통증이 느껴지긴 했지만 전처럼 무섭거나 공포스럽진 않았다. 어떤 단계를 뛰어넘어 성장한 것 같은 기분마저 들었다.

생리컵 사용기

✚

핀란드에서 루넷컵이 오기까지 2주가 걸렸다. 그때만큼 생리 주기를 기다린 적이 또 있을까. 마침내 컵이 도착했다. 딱 보기에도 탐폰보다 컸다. 이미 수많은 삽입 실패 사례를 인터넷에서 접한 뒤였다. 어떤 사람은 생리가 시작되기 전에 연습 삼아 생리컵을 끼워 보기도 했다. 그럴 땐 반드시 윤활제를 사용해야 한다. 보통 생리 주기에는 피가 윤활제 역할을 하는데 생리를 하지 않으면 뻑뻑해 컵이 잘 들어가지 않는다. 이 시기에 연습 삼아 넣었다가 삽입에 실패해 생리컵과 영영 멀어지는 여성들도 종종 있다.

"죽어도 안 들어가요, 진짜 죽어도."

〈피의 연대기〉를 촬영하면서 생리컵을 '영접'한 촬영감독도 생리 주기가 시작되기 전 연습 삼아 컵을 밀어 넣었다가 참패했다. 가끔 다큐멘터리를 만들면서 알게 된 여자분들에게서 카톡이 온다. 생리 컵을 새로 사서 쓰기 시작했는데 제대로 들어간 건지 잘 모르겠다는 것이다. 그럼 나는 묻는다. 확실하게 밀어 넣으셨어요? 끝까지?

첫 삽입섹스에서 질이 찢어진 이후 삽입섹스에 대한 공포가 더 커졌다. 이후로 여러 차례 연애를 했지만 삽입섹스에 대한 공포만큼은 해결할 수 없었다. 지금 생각해 보면 슬픈 사실이지만 나는 어떻게든 상대를 만족시키고 싶었다. 내가 삽입섹스를 하지 못해 관계가 끝날까 봐 두려웠다. 자신감이 없어지거나 주눅이 들면 굳이 상대가 요구하지 않았던 일까지 하며 스스로 비참한 상황으로 걸어 들어간다. 자해에 가깝다. 내가 건강한 상태여야 건강한 연애가 가능하다. (물론 상대도 건강해야겠지만.)

삽입섹스의 세계로 들어선 건 20대 후반, A를 만나면서부터다. A는 1년이 넘도록 삽입섹스를 하지 못하는 나를 보채지도 나무라지도 않았다. 단 며칠이 아니라 1년 넘게 이어진 일이라 그 기간을 겪으면서 내가 원하지 않거나 준비하지 않은 것 때문에 죄책감을 느낄 필요도, 관계에서 위축될 필요도 없다는 사실을 깨닫게 됐다. 그러다 어느 순간 삽입섹스를 하지 못하는 나 자신에게 짜증이 나기 시작했다. 그는 다양한 방법을 시도했지만 내 질은 삽입을 시도할 때마다 온몸이 찢어지는 것 같은 통증을 안겼다. 내가 통증을 느끼면 모든 행위는 중단됐다. 시간이 흐른 뒤에 많은 여성이 질건조증을 앓고 있고, 그런 경우 삽입섹스 시 통증을 느낄 수 있다는 이야기를 들었다. 어쩌면 당시 나한테도 질건조증이 있었을지 모른다. 새로운 정보를 알게 되고서야 지난날의 내 상태를 점검하게 된 것이다.

삽입 통증에 대해 검색한 A는 내게 윤활제를 사용해 보자고 권했다. 솔직히 당시에는 윤활제가 어떤 역할을 할 수 있을 거라 생각하지 않았다. 지푸라기라도 잡는 심정으로 윤활제를 사서 다시 A를 만난 날, 나는 처음으로 고통 없는 삽입에 성공했다. 그 뒤로 사랑하는 사람의 몸을 두려움 없이 받아들일 때의 기쁨을 느낄 수 있었다.

연습 삼아 생리컵을 사용하거나, 양이 적은 날 생리컵을 밀어 넣는 데 어려움을 느낄 때 윤활제가 많은 도움이 된다.

질 안은 넓고 유연하다

나는 운이 좋았다. 생리가 터진 날 화장실 변기에 앉아 새 컵을 뾰족하게 접어 단번에 밀어 넣는 데 성공했기 때문이다. 그러자 컵 주변에 난 구멍으로 공기가 빠지면서 질 내부는 완전한 진공 상태가 되었다. 컵이 제대로 들어가니 이물감도 전혀 느껴지지 않았다. 꼬리까지 질 내부로 충분히 깊숙하게 들어간 것이다. 오줌을 싸고 휴지로 닦을 때 피가 묻어 나오지 않았다. 생리 때 패드가 붙어 있지 않은 팬티를 입는 것이 가장 생경하면서도 상쾌한 경험이었다. 질에 미리 손가락을 넣어 보고 요거트를 묻힌 탐폰을 넣어 본 것이 심리적 준비에 도움이 되었다.

반면 촬영감독은 어려움을 겪었다. 생리를 시작한 지 나흘째까지 컵이 질 내부를 이리저리 찌르는 이물감이 계속 들었고, 피가 조금씩 샜다. 컵이 잘못 들어갔다는 증거였지만 어떻게 해야 할지를 몰랐다. 골반이나 요도에서 느껴지는 통증은 자신에게 맞지 않는 컵을 사용했을 경우 생기지만, 질 내에서 느껴지는 이물감이나 꼬리가 질을 찌르면서 생기는 통증은 대부분의 경우 컵이 잘못 들어갔기 때문에 일어나는 일일 가능성이 크다. 결국 컵을 빼고 다시 일회용 생리대로 돌아갈 것이냐, 다시 한번 컵을 시도해 볼 것이냐 하는 기로에 섰을 때 감독은 결기를 다지고 컵을 있는 힘껏 밀어 넣었다.

"로켓을 발사시키듯이 질 안으로 쑤욱 밀어 넣었어요. 내가 생각한 것보다 훨씬 더 깊숙하게."

맞는 말이다. 질은 내가 생각한 것보다 훨씬 깊다. 남성 성기나 딜도가 들어가는 것을 생각해 보라. 그렇게 길쭉한 것들에 비하면 컵은 아무것도 아니다. 컵을 깊숙하게 넣지 않으면 중간에 걸린다. 거기서부터 이물감과 통증이 시작된다. 영화 상영 후 갖는 관객과의 대화 시간에 상당수 관객은 영화에 대한 질문보다 '그래서 정말 생리컵을 끼워도 아무렇지 않느냐!'는 질문에 더 관심을 보였다. 그렇다. 생리컵이 제대로 들어가면 아무런 느낌이 나지 않는다. 질 내부는 공간이 충분하다. 우리 눈으로 볼 수 없을 뿐이다. 삽입섹스를 할 때도 쉽게 느낄 수 없던 공간감이 컵을 사용한 뒤로 생겼다. 질 내부는 유연하다. 컵이 제대로 들어가 안착되면 질은 컵을 부드럽게 감싸 안으며 진공 상태를 유지한다. 그래서 오줌을 누고 휴지로 닦아도 피가 묻어 나지 않고 팬티라이너도 굳이 사용할 필요가 없다. 컵에 피가 꽉 차 공기구멍으로 넘칠 때만 샌다.

"아 내 질에 이 정도 공간이 있구나. 눈으로 볼 순 없지만 컵이 이렇게 들어가면 그 정도 공간이 생기는 거구나."

촬영감독은 그렇게 생리컵에 적응했다. 한번도 느껴 보지 못한 질 내부의 공간감을 느낄 수 있게 됐다. 물론 모든 사람의 몸에 생리컵이 적합한 것은 아니다. 블로그를 검색해 보면 거듭되는 착용 실패와 이물감으로 생리컵 사용을 포기한 사람이 많다. 우리 제작진에서 애니메이션을 담당한 김승희 감독은 골반통이 극심해져 생리컵 착용을 포기했다. 원래 생리 때 극심한 통증을 앓던 분이었는데 생리컵을 사용하면서 통증이 더 심해진 것이다. 이런 사람은 부드럽고 작은 생리컵을 써야 한다고 한다.

내 몸에 맞는 생리컵 찾기

생리컵은 정말 종류가 다양하다. 낮은 자궁, 보통 자궁, 높은 자궁에 따라 컵을 선택하는 경우도 있지만 평소 양에 따라서, 출산 여부에 따라서 폭이 넓고 용량이 큰 컵을 선택할지 더 작은 컵을 선택할지 결정해야 한다. 단단함도 중요하다. 나보다 더 겁이 많았던 프로듀서는 처음에 가장 부드러운 컵이라고 알려진 스쿤컵SckoonCup을 사용했다 낭패를 봤다. 막연하게 생각하면, 딱딱한 컵보다 부드러운 컵이 더 편하고 쉽게 들어가리라 생각하지만 꼭 그렇지만은 않다. 컵이 어느 정도 단단해야 안에서 잘 자리를 잡는다. 너무 부드럽거나 질 내부에 비해 작을 경우 컵이 움직여 통증이나 이물감을 주고 피가 새기도 한다.

높은 자궁을 가진 사람을 위한 생리컵(왼쪽)과 낮은 자궁을 가진 사람을 위한 생리컵(오른쪽).

촬영 중 다양한 컵을 써 보기 위해 평소에 쓰던 루넷컵보다 훨씬 부드러운 릴리컵Lily Cup을 사용한 적이 있다. 릴리컵은 그 이름처럼 튤립 모양이다. 색도 분홍색이라 컵들 중 가장 눈에 띈다. 예쁘고 부드러운 컵을 사용하면 기분이 좋을 줄 알았는데 결과는 악몽이었다. 하필 아르바이트로 촬영을 나간 날이었는데 컵이 질 중간에 걸리고 꼬리가 밖으로 빠져나와 무거운 짐을 지고 걸어가는 내내 쓰라렸다. 아픔은 둘째치고 컵을 빼기 위해 화장실에 들어가서 속옷을 벗었는데 피로 흥건했다. 이 난리를 치른 뒤에야 왜 어떤 여성들은 손으로 잘 접기도 힘든 키퍼Keeper를 선택하는지 이해가 됐다. 저마다 제 몸에 맞는 생리컵이 있는 것이다. 키퍼는 현재 판매되는 생리컵 중 가장 오래된 것이다. 미국에서 만든 제품이고 의료용 실리콘을 사용하는 대부분의 생리컵과 달리 천연고무로 만들어졌다. 키퍼는 아직 써

판매되는 생리컵 중 가장 오래된 키퍼.

보지 못했다. 촬영용으로 구매해 놓았는데 우리 팀 모두 "와, 이거 진짜 단단하다!" 감탄만 하고 누구도 써 보겠다고 자원하지 않은 제품이다. 하지만 천연고무로 만들었고 색소도 넣지 않았으니, 생리컵 중 가장 자연에 가까운 컵이랄까?

"컵을 중간에 갈아야 할 때는 어떻게 해요?"

아직 컵을 사용하지 않는 대부분의 사람이 가장 궁금해하는 것이다. 나는 여러모로 운이 좋았다. 어떤 사람은 양이 많은 날에는 하루에도 두세 번씩 컵을 빼 피를 버려야 한다지만, 나는 양이 가장 많은 초반 이틀에도 아침에 끼웠다 저녁에 빼는 것으로 충분했기 때문이다. 프로듀서나 촬영감독의 경우 양이 많은 초반 이틀은 중간중간 컵을 빼 피를 버리고 다시 끼워야 했다. 촬영감독은 일회용 컵에 물을 받아 가지고 화장실 안으로 들어가 컵을 빼 헹군 뒤 다시 사용했다. 실제로 컵을 사용하면 가장 귀찮고 힘든 게 집이 아닌 밖에서 피를 비워야 할 때다. 생리컵 사용 초반에는 괜히 걱정이 되고 단지 피를 모아 버리는 게 재미있기도 해서 하루에도 서너 번씩 컵을 비웠다. 그때 나는 화장실에 사람이 없을 때까지 기다렸다 재빨리 밖으로 나가 컵을 씻었다. 하지만 그 뒤로 바빠서 깜빡하고 컵을 갈지 않기

생리 공감

시작하면서 내가 양이 많은 사람이 아니라는 사실을 알게 됐다. 양이 많은 첫째, 둘째 날도 하루에 한 번 끼우고 빼는 것으로 충분하다는 것을.

자기 전에 컵에 가득 찬 피를 빼 들여다볼 때의 기분은 경험해 보지 않은 사람은 알지 못하리라. 묘한 성취감을 준다. 어렸을 때 흙이나 자갈을 모아서 컵이나 장난감 그릇에 꾹꾹 눌러 담으며 느꼈던 뿌듯함과 비슷한 종류의 감정이랄까.

생리컵을 쓰기 전까진 내 양이 어느 정도인지 몰랐다. 친구들과 생리에 대해 이야기할 때면 "나 둘째 날 양 진짜 많아" 하며 내심 많은 양의 생리혈을 흘린다고 생각했지만, 실제는 그렇지 않았다.

컵을 끼우고 있는 상태가 너무나 편해 한번은 그 존재를 잊은 적도 있다. 2016년 독일에서 공부하는 친구를 보러 갔다가 친구들과 프라하로 여행을 갔다. 꼬박 하루를 이동했는데 컵을 잊은 것이다. 생리 끝 무렵이어서 더 자각을 하지 못했다. 다시 독일로 와 친구 집에서 잠을 자다 문득 생각이 나 48시간 만에 컵을 뺐다. 컵에는 분비물과 피가 섞여 노란색을 띠는, 곰팡이가 될 것같이 부글부글 끓는 상태의 '무언가'가 들어 있었다. 피와 분비물이 너무 오랜 시간 따뜻한 질 내부에 있었기 때문인 듯하다. 생리컵은 최대 12시간 간격으로 비우고 씻어 줘야 한다.

기특한 나의 몸

생리컵을 사용한 지 3년 차로 접어들었다. 이제는 생리가 터지면 서랍에 있던 생리컵을 꺼내 바로 접어 질에 밀어 넣는다. 우주선이 우주정거장에 도킹하듯 컵은 자연스럽게 질로 미끄러져 들어가고 나는 손에 묻은 피를 세면대에 씻어 낸 뒤 곧바로 짐을 챙겨 집을 나선다. 나한테 맞는 컵을 찾았고, 내 질에 잘 들어가게 컵을 접는 방법도 터득했다. 하루 종일 컵을 차고 있어도 피가 새지 않으리라는 걸 알기에 더는 신경 쓰지 않는다. 피가 흐른다는 자각도 없이 하루 일과를 마치고 돌아와 자기 전 샤워를 하면서 컵을 비운다.

하루 동안 소중히 모아 온 피를 하얀 변기에 버리면 새빨간 피가 퍼져 나간다. 이 피는 굉장히 진하고 진득해서 레버를 한 번 내리는 것으로는 부족하다. 나는 가끔 다 씻겨 내려가지 않은, 남아 있는 피를 가만히 서서 내려다본다. 저렇게 많은, 진하고 강한 피를 흘리면서도 죽지 않고 살아 낸 내 몸이 기특해서 말이다.

모르면 잔인해진다

✚

2016년 6월 서울국제여성영화제의 다큐멘터리 제작 지원 행사 피치 앤캐치Pitch & Catch가 열렸다. 최종 후보작 다섯 작품에 우리 것도 올랐다. 우리는 제작비가 0원인 상태였기 때문에 어떻게든 지원작이 되기 위해 만반의 준비를 했다. 그런데 끝내 해결할 수 없는 문제가 있었다. 이 '피'를 어떻게 보여 줄 것이냐였다. 영화를 만들기 시작한 때부터 내내 나를 고민에 빠뜨렸던 것이기도 하다. 관객과 심사위원들에게 이 피를 어떤 모습으로 보여 주어야 할까. 마음이 급해진 우리는 일회용 생리대와 탐폰에 빨간색 물감으로 피를 만들어 묻힌 뒤 당시 내가 살던 오피스텔 옥상에 올라가 양손으로 그걸 들고 하늘을 배경으로 이미지 컷을 찍었다.

물감을 사 와 집에서 피를 제조할 때 처음에는 너무 빨갛게 만들어져 검은색과 갈색을 좀 더 섞었다. 피 묻은 생리대에서 늘 조금은 갈색으로 변한 피를 봤기 때문에 원래 생리혈 색이 그렇다고 믿었던 것이다. 당시만 해도 우리 중 누구도 탐폰을 쓰지 않았기 때문에 탐폰에 묻

생리에 관한 다큐멘터리를 만드는 내내 가장 고민스러웠던 점이 생리를 어떻게 보여 줄까였다.
피치앤캐치 때 제출한 다큐 이미지 컷.

은 피 색도 그러하리라 짐작했다. 끝내 원하는 피 색을 만들지는 못했
지만 그때 자꾸만 갈색과 검은색을 더 섞으려 했던 우리를 떠올리면
왠지 모르게 씁쓸해진다. 생리에 관한 다큐멘터리를 만든다면서 생리
혈은 탁하고 검거나 갈색을 떠었다고 막연히 생각했으니 말이다.

갈색이 아니라 빨간색

이제는 많은 사람이 알고 있는데, 원래 생리혈은 빨간색이다. 정맥에
서 갓 뽑은 피 색과 같다. 그 피가 일회용 생리대나 탐폰에 있는 화

생리 공감

학 성분과 만나 변색된 것뿐이다. 특히 생리대를 몇 시간 이상 습한 채로 차고 있으면 생리혈이 갈색이나 검은색으로 변한다. 냄새도 나고. 하지만 면생리대나 생리컵을 쓰면 피에서 냄새가 나지 않는다. 물론 너무 장시간 차고 있으면 어느 기구를 쓰든 냄새가 난다. 피가 묻어 있는 곳은(고여 있는 곳은) 습하고 따뜻하기 때문이다. 하지만 실제 생리혈이 어떤지 모른 채 매번 일회용 생리대에 묻은 피만 보고 자란 여성은 그 피를 더럽고 냄새나는 것이라고 생각할 수밖에 없다. 그래서 그 피를 감추려고 노력한다. 흡수력이 빠르고 냄새 잡는 생리대를 선호한다. 그걸 알아 생리대 회사에서는 더 빨리 흡수하고, 더 강력하게 냄새를 잡는 신제품이 나왔다고 광고한다. 사실 그러려면 더 많은 화학 성분을 써야 한다.

인터뷰에 응했던 선영 씨는 탐폰 사용자였다. 그런데 쓸 때마다 질 내부가 마르는 듯한 통증을 느꼈다. 질 내부의 수분을 탐폰이 전부 빨아들이는 것 같았다. 증상은 생리 양이 확 줄어드는 끝물에 심해졌다. 생리혈이 적어져 질에 남아 있는 수분까지 탐폰이 흡수해 버린 것이다. 2017년 생리대 화학물질 파동이 일어났을 때 많은 여성이 생리대 사용 후 질건조증을 앓았다고 호소했다. 식약처의 결론은 '인체에 해로운 위험 물질은 발견되지 않았다'였지만 어떤 물질이 어떤 영향을 미치는지 우리는 다 파악할 수 없다. 여성마다 질이 다르다는 사실을 잊는 순간 과학적 데이터는 개인의 통증과 아픔을 꾀병이나 지나치게 예민한 것으로 치부하는 무서운 잣대가 된다.

새로운 서사가 필요하다

생각보다 많은 남성이 생리를 오줌이나 똥처럼 참았다가 화장실에 가서 '버리는' 것으로 안다. 어릴수록 더 심하다. 2016년 깔창 생리대 이슈가 터졌을 때 처음으로 무상 생리대 이야기가 나오기 시작했다. 댓글 중 상당수가 한 달에 7개에서 10개 정도밖에 사용 안 하는 생리대를 왜 국가가 지원해 줘야 하냐는 것이었다. 이 계산은 생리 주기에 생리대를 하루에 하나씩 쓴다고 생각했을 때 나온 값이다. 탐폰과 생리컵 문제가 이슈가 되면 기사에는 여성들 댓글보다 남성들 댓글이 더 많이 붙는다. (네이버 기사 댓글 성별 분포도를 확인하면 알 수 있다.) 생리를 하는 여성들의 고단함에 공감하는 댓글도 있지만 대부분은 탐폰이나 생리컵을 사용하면 질이 늘어난다든지, 그런 질에는 넣고 싶지 않다든지 하는 말이 대다수였다. 특히 생리대 화학물질 파동에는 '너무 예민하다' '아무것도 아닌 일을 크게 만든다'는 댓글이 많았다. 웃자고 한 이야기라고 생각할 수도 있지만, 남성들의 이런 시각은 연인이나 아내와 성관계를 할 때 여성의 질을 자기 잣대나 기준으로 평가하게 한다. 이런 질이 좋다, 저런 질이 좋다, 하고 생각하는 것만으로 자신이 기대하는 것과 다른 행동을 하는 여자(특히 질에 대해서)를 혐오할 수밖에 없는 것이다. 남성들의 판단은 여성들의 삶에 중요한 영향을 미친다. "남자들이 뭐라 하든지 신경 쓰지 마!"라고 할 수 있지만 쉽지 않다. 사실 불가능에 가깝다고 생각한다. 우리는 끊임없이 관계를 맺고 살아가야 하기 때문이다. 그러므로 편견을 깨부수고 의식을 개선하는 일이 함께 이루어져야 한다.

현재 우리 사회에서 생리컵 같은 문제가 화두로 떠오를 때 남성과 여성의 인식 차가 너무 큰 것은 여성들은 다양한 경로로 정보를 접하며 변해 가는 반면, 남성들은 전통적인 성관념이 뿌리 깊은 이전 사회에 머물러 있기 때문일지도 모른다.

무지는 사람을 잔인하게 만든다. 모르기 때문에 상대가 겪게 될 공포를 상상할 수 없기 때문이다. 여성의 몸은 이제껏 수많은 금기와 출처를 알 수 없는 미신에 시달렸고, 타자(남성)의 욕망으로만 해석될 수 있는 기호로 여겨져 왔다. 질은 숨어 있어 보이지 않고 무언가에 뚫릴 것만 같은 인상을 준다. 그 때문에 남성들은 처녀막을 찢고 처녀성을 정복하려는 욕망을 품게 되었다. 그래서 어떤 여성은 어떻게든 처녀막을 지키는 것이 중요하고, 처녀막이 찢어졌다면 수술을 받아서라도 재건하는 게 좋다고 생각한다.

질 안에는 웬만한 세균에도 끄떡없는 분비물들이 포진되어 있고, 탐폰이나 생리컵을 넣었다 빼도 아무 문제가 없을 정도로 질은 튼튼하다. 질은 여성들의 얼굴만큼이나 다 다르게 생겼다. 누군가의 질주름은 하나로 뚫려 있고 누군가의 질주름은 아주 작은 구멍이 여러 개나 있는 형태이기도 하다. 성관계 전에도 질에는 생리혈이 나오는 구멍이 존재한다. 여성은 언제든 호기심이 생길 때마다 손가락을 뻗어 질 안을 탐색해 볼 수 있고 원한다면 남성과 마찬가지로 혼자만의 자위를 통해 절정에 다다를 수 있다. 아직 성인이 되지 않은 10대라도 자신의 필요에 따라 질 내 삽입형 생리용품을 선택할 수 있다. 부모는 아이가 자기 몸에 맞는 생리용품을 찾을 수 있도록 적극적으로 도와야 한다. 그 과정에서 실패나 작은 통증이 있을 수 있다. 그럴 땐 우리가 살면서 겪을 수 있는 수많은 시행착오 중 하나였다고 생각하면 된다.

갈 길이 멀다. 새로운 정보는 쉽게 퍼지지 않을 것이다. 우리 머리와 마음속에 뿌리 깊게 박혀 있던 왜곡된 정보는 그곳에 산 지 오래되었기 때문이다. 하지만 시도해야 한다. 한 여성의 질과 처녀막(질주름)이 다른 누군가(남성)에 의해 평가되는 일은 옳지 않다. 잘못되고 옳지 않은 정보를 밀어내려면 새로운 서사가 필요하다. 우리 모두가 듣고 공감하고 되새길 수 있는 이야기가 있어야 한다. 〈피의 연대기〉를 만들면서 나는 우리 삶 곳곳에서 새로운 서사를 발견했다. 이야기는 곧 사람으로 이루어져 있기에 나는 그들의 목소리를 들으며 잘못된 우화로 가득한 세상에서 탈출할 출구를 찾았다.

그녀들의 고군분투

✚

고등학교 때부터 대학 졸업 때까지 소설을 썼다. 어려서부터 작가가 만들어 낸 세계와 인물을 좋아했고, 현실보다 공상 속으로 빠지는 것이 즐거웠다. 대학 졸업 무렵, 소설을 쓰면서 먹고살 수는 없겠다고 생각했다. 등단하기는커녕 최종심에도 들지 못한 내 소설이 그걸 증명해 주는 것 같았다. 내가 소설을 썼다는 걸 아는 선배가 작은 영화 제작사를 차렸고, 내게 시나리오 개발팀 작가로 일할 것을 제안했다. 급여는 적었지만 생각해 보지 않았던 시나리오 작가로도 살아 볼 수 있지 않을까 하는 생각에 선뜻 수락했다. 하지만 입사 후 내가 처음 맡은 일은 장편 다큐멘터리를 쓰는 것이었다. 회사를 운영하려면 어쩔 수 없이 해야 하는 일이 있다. 그렇게 처음 다큐멘터리 일을 시작했다. 이것이 내가 픽션에서 논픽션 세계로 걸어 들어가게 된 계기다.

2012년에 처음 다큐멘터리를 만들게 되었다. 경남 창녕에 있는 '우포늪'의 사계를 담는 것이었다. 이야기를 개발하고, 수정하고를 반복한 끝에 늪을 둘러싼 사람들 삶을 조명하기로 했다. 석 달의 취재 기간과 1년 동안의 촬영. 나는 2개월에 한 번씩 우포늪에 내려가 일주일에서 열흘을 지냈다. 거기서 평생 늪에서 논우렁이를 잡으며 살아온 봉순 아지매를 만났다. 아지매는 이미 방송에 여러 차례 소개된 분이었다. 우렁이가 거의 다 사라진 늪에서 여전히 우렁이를 잡는 유일한 사람이기 때문이다. 한때 창녕에는 우렁이를 팔아서 집 지붕을 새로 올릴 정도로 우렁이가 많았다고 한다. 우렁이는 늪 주변에서 살아가는 사람들의 중요한 수입원이었다.

아지매는 고향인 창녕과, 서울에 사는 내 또래 딸의 집을 오가며 지냈다. 나는 종종 아지매의 서울 집에도 들러 밥을 얻어먹었다. 그땐 그것도 일종의 일이라 생각했다. 출연자와 관계가 긴밀할수록 다큐멘터리가 더 좋아진다는 말에 굳이 누가 뭐라 하지 않아도 내가 할 수 있는 일들을 찾아 나섰던 것이다. 그런데 아지매 집에만 가면 졸음이 쏟아졌다. 한 그릇 가득 담아 주시는 밥을 비우고 잘 익은 감까지 얻어먹고 나면 따뜻한 전기장판에 눕고만 싶어졌다. 아지매는 귀신같이 그런 내 마음을 아시고 자꾸 이불 속으로 내 등을 떠밀었다. 그러면 나는 못 이기는 척하면서 "잠깐만 눈 좀 붙일게요"라고 말한 뒤 한숨 푹 잤다. 다큐멘터리를 완성한 지 벌써 5년이 흘렀다. 다른 것들에 대한 기억은 희미하지만 아지매 집에서 밥을 얻어먹고 아지매와 TV를 보다 낮잠에 빠졌던 날들에 대한 기억은 아직 남아 있다. 평생 우포늪에 묶여 산 아지매의 지난한 인생 이야기가 내게 남긴 슬픔도.

생리 공감

그래, 그녀들 이야기

〈피의 연대기〉를 만들고 나서 많은 사람이 물었다. 다큐멘터리만 하실 거예요? 극영화는 안 하세요? 미래에 대해서 뭐라고 단정 지어 말할 수는 없다. 하지만 다큐멘터리가 아니었다면 나는 영화 만들 생각을 하지 못했을 것이다. 다큐멘터리를 만들면서 평생 만나기 어려운 사람들을 만났다. 내 삶과 전혀 접점이 없는 사람들의 인생으로 기어 들어 간 것이다. 그 사람들이 내준 일상의 한구석에서 그들의 과거와 현재를 목격했다. 때로 그 삶은 고되고 슬픔으로 가득 차 있었고 때로는 도저히 이해할 수 없는 활기와 긍정으로 넘쳐 났다. 〈우포늪의 사람들〉을 만들고 나니 늪이 이전과 다르게 보였다. 어딜 가도 늪이 있다면 유심히 보고 그 안에 살고 있는 식물이나 철새로 그 늪의 가능성을 점칠 수 있게 되었다. 책이나 레퍼런스로 삼은 다큐멘터리에서 가르쳐 준 것이 아니다. 그 늪에서 나는 것으로 먹고살던 사람들, 그 늪이 망가지면서 삶의 터전이 달라진 사람들, 그 늪을 다시 살려 내기 위해 애쓰며 살아가는 사람들의 삶에서 조금이나마 배운 것이다.

〈피의 연대기〉를 만들 때도 많은 사람의 도움을 받았다. 엄마와 할머니 그리고 여섯 명의 이모에게서 들은 그녀들의 피 흘림은 내가 그 세대와 그 세대 여성의 지난한 삶을 이해하는 데 중요한 서사가 되었다. 임신과 출산, 가사노동과 육아 등 지금도 여전히 여성에게 짐 지우는 것들을 고스란히 몸으로 겪어 낸 세대의 이야기를 들을 수 있었던 것은 순전히 내가 다큐멘터리를 만들며 이들에게 구체적인 질문을 던졌기 때문이다. 가족 다음으로는 인터넷을 통해 만난 사람들이 큰 도움이 되었다. 블로그에 생리컵 후기를 쓴 사람, 트위터에서 생리에 대해 발언한 사람, 유튜브에 대안 생리용품 사용 후기 영상을 남긴 사람에게 직접 연락을 해 만나고, 촬영을 했다. 2013년 한양대에서 처음으로 무상 생리대 운동을 이끌었던 총여학생회도 인터넷에서 만났다. 이분들과는 촬영 이후에도 계속 연락을 했고 이들 중 누군가는 결혼을 하는 등 삶의 다른 영역으로 넘어가는 것도 보았다. 최초로 생리컵을 만든 리오나 채머스Leona W. Chalmers가 생리대 판매에 실패하는 과정은 내가 생리 다큐멘터리를 만들면서 어려운 상황에 처할 때마다 인내심으로 돌파하게 하는 원동력이 되었다. 각자의 자리에서 고군분투하며 어떻게든 생리를 더 나은 삶의 경험으로 만들어 보기 위해 노력했던 이들의 삶이 모여 영화가 완성되었다. 그녀들의 이야기가 없었다면 영화는 만들어지지 못했을 것이고 나는 이전처럼 내 몸과 내가 흘리는 이 피를 증오하면서 하루하루를 보냈을 것이다. 하나의 다큐멘터리 영화가 완성되면 내 안의 많은 것이 바뀐다. 그 다큐멘터리를 구성한 사람들 덕분이다. 이것이 내가 다큐멘터리 만드는 일을 직업으로 삼고자 한 이유다.

생리대의 역사

✚

2016년 5월, 하와이에 사는 상복 삼촌이 한국에 왔다. 엄마의 가족 모두가 고향 하동을 방문하기로 했다. 형제자매 여덟과 그들의 어머니까지 모이는 뜻깊은 날이었다. 할머니는 80대, 큰이모와 둘째이모는 70대와 60대였다. 막내이모가 40대이니 다양한 여성의 생리 경험을 듣기에 더할 나위 없이 좋은 날이었다.

할머니는 3년 터울로 첫째와 둘째, 셋째를 낳았다. 그 다음부턴 4년 터울이었다. 열여섯에 시집을 가 딱 한 번 생리를 치른 후 임신을 했고 자식들을 낳았다. 임신하고 출산하고 모유 수유를 하는 동안에는 생리가 나오지 않았다. 수유가 끝나고 생리가 시작되면 다시 임신 기간에 들어섰다.

"나는 사실 생리는 많이 하지 않았거든."

할머니는 무명을 짜 옷을 만들어 입고 옷이 해어지면 천을 뜯어 생리대를 만들었다. 천 안에는 목화솜을 넣었다. 천만으로는 피가 흡수되지 않기 때문이다. 다 쓴 생리대는 뜯어 솜을 버리고 다시 사용했다. 생리대가 너무 두꺼워 걸을 때마다 양쪽 사타구니가 쓸려 벌겋게 살이 일어났다. 밭에는 그런 생리대를 찬 여자들이 나와 일을 했다. 큰이모는 생리대 찬 여자들은 몸뻬 허리춤 위로 생리대 묶은 끈이 불룩 튀어나와 있었다고 했다.

"딱 보면 안다, 누가 생리하는지."

아이를 낳고서도 할머니는 일을 하러 갔다. 당시 여성들은 어마어마한 양의 노동을 한 것 같다. 지금 우리가 쉽게 사 먹을 수 있는 온갖 채소와 곡식을 직접 길러 수확하고 손질해 먹었고, 목화솜으로 짠 천으로 옷을 만들어 입었다. 아이들 기저귀는 물론 다 큰 어른의 무거운 옷까지 냇가에서 빨아 입었으며 가축을 돌보고 집안을 정돈하는 일까지 모두 했다. 아이도 집에서 낳았기 때문에 큰이모는 할머니가 출산할 때마다 나온 피 묻은 천을 빨아야 했다. 둘째이모는 가족들이 오줌을 눈 요강에다가 생리대를 담갔다고 한다.

"요강에 오줌이 있잖아. 거기다가 피 묻은 생리대를 담가. 그러면 피가 새빨갛게 빠지는 기라. 그럼 그걸 건져 빨아서 말려."

달리 세제가 없던 시절 오줌은 천연 표백제 역할을 했다. 딸이 일곱이니 요강은 늘 딸들의 생리혈로 흥건했다.

"나는 항상 그 요강에 빨간 물이 들어 있었던 기억이 나."

큰이모 증언이다. 오줌에 핏물을 빼고 다시 손으로 빤 생리대는 헛간에서 말렸다. 땔감으로 주워 온 나뭇가지들 위에서. 그런데 헛간은 해가 들지 않아 생리대가 잘 마르지 않았다. 하지만 달리 방도가 없었다.

생리 공감

"밖에다 널면 창피하니까."

그게 이유였다.

할머니는 아이를 낳은 지 며칠 만에 일어나 피 묻은 천을 걷어 내고 일을 하러 나갔다. 생리 때도 마찬가지였다. 피 묻은 생리대를 홀렁 벗어 요강에 던져 놓고는 새벽부터 밭일을 시작했다. 둘째이모가 할머니의 생리대를 빨았다.

"엄마는 양이 억수로 많았어."

놀라웠다. 엄마 생리대를 빨았다고? 말도 안 돼, 세상에. 요즘엔 있을 수도 없는 일이었다.

할머니, 첫째, 둘째, 셋째이모는 평생 천생리대를 썼다. 두꺼운 무명을 잘라 생리대를 만들다가 상대적으로 부드럽고 얇은 거즈천이 나왔을 때 할머니는 "세상 좋아졌다"고 생각했다. 넷째이모부터는 면생리대를 쓰다 일회용 생리대로 바꿨다. 바로 그랬던 건 아니고, '빨간 팬티' 시기를 거친 뒤였다. 이모들은 빨간 팬티 얘기가 나오자 신이 나서 말하기 시작했다. 빨간 팬티가 궁금해진 나는 백방으로 자료를 찾았지만 찾을 수 없었다. 엄마에 따르면, 빨간 팬티는 방수 처리된 것으로, 그 자체로 피를 흡수하는 것은 아니고 생리를 흡수할 수 있는 천을 팬티에 끼울 수 있게 만든 것이라고 했다. 끈이 아닌 팬티에 생리대를 고정할 수 있어 이전보다 활동하기 수월했다. 그렇게 이모들은 빨간 팬티를 '혁신적인 팬티'로 기억했다.

피가 흐르면 흐르는 대로

하지만 모두가 생리대를 차고 살았던 것은 아니다. 아주 먼 옛날 사냥과 채집을 하던 유목민들은 이끼, 나뭇잎 심지어는 토끼털을 벗겨 흐르는 피를 처리했다. 풀이나 솜으로 탐폰을 만들어 사용한 흔적도 여러 문화권에서 나타난다. 어느 곳에 사느냐에 따라 여성들이 피를 대하는 자세도 다른 듯하다. 〈피의 연대기〉 조연출의 친구가 싱가포르에서 유학 중이었는데, 같은 아시아권인데도 싱가포르에서는 탐폰 사용 인구가 훨씬 높다고 했다. 조연출의 친구는 그 이유를 '날씨가 너무 더워서 생리대를 차기 힘들기 때문은 아닐까'라고 분석했다. 이집트나 하와이 같은 지역에서 일찍이 탐폰을 만들어 쓴 것도 이해가 간다. 하지만 모두가 애써서 피를 처리한 것은 아니었다. 역사의 어떤 시점에는 피가 그저 옷에 흘러내리도록 내버려 둔 적도 있었다.

'생리 박물관Museum of Menstruation'. 번듯한 건물에 들어선, 오프라인 박물관은 아니다. 온라인 박물관이다. 하지만 박물관이라는 말이 무색하지 않을 만큼 생리에 대한 자료가 방대하다. 그곳에서 나는 재미있는 사례를 발견했다. 19세기 유럽 농촌 지역 여성들은 생리대를 차지 않았다. 생리를 처리하기 위한 어떤 조치도 취하지 않았다. 그들이 걸어 다니는 자리에는 그대로 생리혈이 떨어져 있었다. 팬티를 입으면 그 정도까지는 흘러내리지 않을 텐데 하고 의문을 가질 수 있다. 요네하라 마리의 《팬티 인문학》을 보면 인류가 속옷을 입기 시작한 건 전체 인류 역사에서 최근의 일이다. 당시 속옷은 생필품이라기보다 여유 있는 사람들이 입는 일종의 기호 용품이었다. 농촌 지역 상당수 여성은 속옷을 입지 않았을 가능성이 크다. 그랬다면 생리대를 찬다는 개념도 없었으리라. 그러니 그저 피가 흐르면 흐르도록 내버려 둔 것이다.

현대 여성들처럼 한 달에 한 번 일주일에 거쳐 많은 양의 피를 흘렸다면 피를 그저 흘러내리도록 놔두지 못했을 것이다. 너무 불편하기 때문이다. 과거의 여성들은 늦게 초경을 시작했고 빨리 결혼을 하고 임신을 했기 때문에 우리만큼 많은 피를 흘릴 필요가 없었다. 아이를 임신하고 모유 수유를 하는 동안은 피를 흘릴 필요가 없었고 그 뒤로 죽을 때까지 아이를 낳다가 완경을 겪기도 전에 사망했다. 어쩌면 그들에게 생리는 몇 년에 한 주기씩 돌아오는 거추장스러운 일이었을지 모른다. 그러니 주기적으로 이 피를 처리하기 위해 애쓰기보다 흘러내리도록 내버려 둔 것이다. 남자들 반응은 어땠을까? 집 안의 다른 사람들은 그 피를 어떻게 생각했을까? 주변 사람들이 그렇게 피가 흐르는 것을 더럽거나 불경한 일로 여겼다면 무슨 조치든 취했을 것이다. 그들에게 흘러내리는 피는 몇 년마다 한 번씩 찾아오는 '일상'이었을 가능성이 크다. 흘러내리도록 내버려 둬도 무방한.

여성들이 어떻게 살아왔는지, 과거 모습이 어떠했는지 알아보면서 내가 일상에서 부딪히는 수많은 일에 새로운 시각을 갖게 되었다. 할머니의 피 묻은 생리대를 빨아야 했던 이모의 이야기를 듣고 나니 내가 흘리는 피나 남이 흘리는 피가 전처럼 더럽게 느껴지지 않았다.

다큐멘터리 촬영 기간 동안 '실제' 생리혈이 필요한 적이 많았는데 제작진 모두가 스트레스에 시달리다 보니 생리가 너무 늦어져 촬영 때를 놓치거나 갑자기 터져 촬영을 못하는 경우가 생겼다. 피가 모자라서 영화를 찍을 수 없다는 우스갯소리를 할 정도였다.

다행히 생리컵을 사용한 지 얼마 안 된 촬영감독의 생리 주기가 돌아와 촬영감독의 생리혈을 찍기로 했다. 생리컵에서 바로 뺀 뒤 볼 수 있는 생리혈이었다. 화장실에 들어간 촬영감독을 조마조마한 마음으로 기다렸다. 남의 생리혈을 보다니. 뭔가 이전까지 허락되지 않았던 걸 볼 수 있게 된 기분이었다. 본격적으로 생리가 시작되기 전이어서일까. 양이 많지 않았고, 내가 생리컵 쓸 때 보았던 '새빨간' 색도 아니었다. 하지만 촬영감독은 거리낌 없이 자신의 생리컵을 우리에게 보여 주었고 우리는 그 모습을 촬영했다. 아쉽게도 데이터 관리를 잘못해(나의 실수) 그 영상은 사라졌다.

생리 얼룩이 어때서

역사의 어느 시점에서는 피를 그저 흐르도록 내버려 두었다는 사실을 알게 되자 더는 생리가 부끄럽지 않았다. 팬티에 묻거나 옷에 묻어도 그러려니 했다. 물론 그 옷을 빨고 얼룩을 제거해야 하는 노동은 여전히 귀찮다. 그렇지만 생리 끝물에 잠시 컵을 끼우지 않았다가 팬티나 면 팬티라이너에 묻은 피 얼룩이 다 제거되지 않아도 이제는 그냥 그러려니 한다. 어차피 이 피는 멈추게 할 수 없고, 그 피가 팬티에 얼룩으로 남는 것 또한 내 잘못이 아니니까. 다음 달에도 흘릴 피니, 굳이 강박적으로 얼룩을 지우려 할 필요가 없어 보인다. 얼마 전내 빨래를 도와주던 남자친구가 방금 세탁기에서 꺼냈으나 여전히 시커먼 얼룩이 묻어 있는 팬티를 들어 보이며 다시 빨아야 하는 거아니냐고 물었을 때 나는 "아, 그거 생리 얼룩이야 어차피 안 지워져"라고 대답했다. 남자친구는 고개를 끄덕였다.

세상은 조금씩 변한다

✚

2016년 6월, 앞서 말한 다큐멘터리 제작 지원 행사를 앞두고 촬영본을 편집하고 있었다. 초여름부터 더위가 기승을 부렸다. 작업실이자 자취방이었던 오피스텔 에어컨은 전기세가 무서워 틀 엄두도 내지 못했다. 숨 막히는 5평 사무실에 너무 오래 있었던 탓에 판단력이 흐려졌던 것일까. 전화를 받으러 일어났다 그만 나무 의자 다리 하나에 왼발 네 번째 발가락이 짓눌렸다. 몸을 반만 일으켜 다시 앉다 50킬로그램에 가까운 내 몸으로 내 발을 밟은 격이었다. 그 자리에서 뼈는 으스러졌다. 일주일 뒤면 영국으로 촬영을 가야 했다. 병원에 가서 엑스레이를 찍고 깁스를 했다. 발가락뼈 하나를 다쳤을 뿐인데 깁스는 발목까지 올라왔다. 혼자서는 절대 걸을 수 없는 상태, 목발을 짚고 영국으로 떠났다.

영국으로 떠날 때 내 마음은 복잡했다. 생리에 관한 다큐멘터리를 만들 수 있다는 확신에 차서 회사를 나온 뒤 사업자가 되어 어찌어찌 아르바이트를 하면서 팀을 꾸려 왔지만 앞으로 어떻게 될지 눈앞이

생리 공감

캄캄했다. 돈은 떨어져 갔고 영국에 갈 수 있는 비용을 받을 수 있으리라 생각했던 기관에서도 거절당했다. 나와 프로듀서 카드로 비행기 티켓을 사고 남아 있던 현금을 긁어모아 게스트하우스를 예약하면서 영화를 만들기 전에 내가 먼저 망가질지 모른다는 두려움과 불안은 더 커졌다.

생리 유튜버, 브리

영국의 날씨는 최악이었다. 싼값과 칭찬 일색의 후기에 덜컥 예약한 집 호스트는 약에 절어 시뻘게진 눈으로 우리를 맞았다. 그는 방금 약을 흡입한 것처럼 코를 쿵쿵거리며 침대보도 씌워 놓지 않은 2층 방으로 우리를 안내했다. 이 집의 장점은 무엇보다 호스트라고 치켜세운 후기들이 결국 약을 제공받고 쓴 취한 후기는 아니었는지 의심이 들었다. 우리는 도망치듯 짐을 챙겨 집을 떠났다. 내가 목발을 짚고 있어 프로듀서와 촬영감독은 내 짐과 촬영 장비까지 감당해야 했다. 그 자리에 주저앉고 싶었다. 브리를 만나는 게 그렇게 중요한 일일까? 내가 올바른 결정을 내린 걸까? 그렇게 만신창이가 된 상태로 브리를 만나러 길을 나섰다.

브리는 반갑게 우리를 맞았다. 이미 유튜브 스타인지라 집 밖을 촬영하는 것은 허락되지 않았다. 실제로 집을 찾아내 찾아오려는 사람들이 있었기 때문이다. 브리를 만났을 때 나는 누울 자리만 주어진다면 곧바로 잠이 들 만큼 지쳐 있었다. 목발을 짚고 걷는 데 어마어마한 힘이 들었기 때문이다. 하지만 시간이 없었다. 곧바로 세팅을 하고 촬영을 시작했다. 이 시점에 고백해야 할 것이 있다. 나는 브리에 대한 편견을 갖고 있었다. 흔히 말하는 관심 종자가 아닐까, 그런 생각을 했다. 생리통이 심할 때 심각한 얼굴로 카메라 앞에 나타나 자기 상태에 대해 말하는, 매달 자기 몸에서 일어나는 일을 세세하게 유튜브에 올리는 여자아이. 흥미로운 인물이지만 그녀의 행동이 가진 가치를 깊게 생각하지 않았고 높이 평가하지도 않았다. 그저, 영국 10대 여자아이가 만든 유튜브 영상을 보고 생리컵을 사용하게 된 이야기를 시작할 때 브리를 등장시키면 '재미있는' 포인트가 될 것 같았다. 당시엔 브리를 판단할 때 내 마음속에서 작동한 불편한 감정이 나와 취미와 방향성이 다른 사람을 향한 혐오라는 사실을 몰랐다. 부끄럽지만 여전히 내 마음속엔 나 자신을 중심으로 사고하는 버릇과, 그 버릇이 만들어 낸 수많은 혐오가 살아 숨 쉰다. 그렇지만 내가 혐오를 할 때마다 인식하려고 노력 중이고 어떻게 하면 이 혐오에서 벗어날 수 있을지 탈출구를 찾고 있다.

브리는 집 안 이곳저곳을 소개해 주었다. 집은 통째로 생리 전문가의 집이었다. 거실 한구석엔 다양한 생리용품이 쌓여 있었고, 옷장에는 수많은 면생리대와 생리컵, 각종 탐폰이 가득 들어 있었다. 브리의 채널이 워낙 유명한 탓에 신제품이 나오면 브리에게 먼저 보내 주는 업체도 있었다. 화장실에는 사용한 면생리대를 효과적으로 분리할 수 있는 각종 파우치가 있었고, 부엌 싱크대에 내장되어 있는 세탁기

옆에는 면생리대와 생리 팬티를 빨 수 있는 친환경 세제는 물론 베이킹소다, 식초까지 준비되어 있었다.

집 안을 둘러보던 나는 이 집과 어울리지 않는 물건을 발견했다. 현관 신발장에 늘어서 있는 아이 신발이었다. 잘못 본 건가? 의구심을 지우고 다시 집 안을 둘러보는데 테라스로 이어지는 거실 창 앞에도 아이 슬리퍼가 놓여 있는 게 아닌가. 브리가 신는다고 보기에는 말도 안 되게 작은, 네다섯 살 남자아이가 신을 법한 슬리퍼였다.

궁금했지만 사적인 이야기를 물어볼 단계는 아니어서 촬영을 진행했다. 열다섯 살 때 브리는 만성피로증후군을 진단받았다. 학교에 다닐 수 없어 대부분 시간을 침대에서 보냈다. 당시 같은 증상을 앓던 사람들이 만나는 모임이 있었는데 그곳에서 '문컵mooncup'을 알게 되었다. 문컵은 이를테면 생리컵의 대명사 격이다. 지금처럼 생리컵 종류나 브랜드가 다양하지 않던 시절에 생리컵 하면 문컵을 떠올렸다. 버버리에서 만든 트렌치코트가 워낙 유명해 트렌치코트를 버버리코트라고 부르는 것과 같은 느낌이다. 브리는 문컵이 정말 좋은 아이디어라고 생각했고, 어머니에게 부탁해 컵을 갖게 되었다. 하지만 그 컵은 브리가 쓰기엔 너무 컸다.

문컵 덕분에 대안 생리용품 세계에 눈을 뜬 브리는 본격적으로 방송을 만들기 시작했다. 당시에도 유튜브에서 생리컵 리뷰를 하는 여성들이 있었지만 브리는 그들이 모두 성인이라 10대들이 진짜 궁금해할 만한 것은 알려 줄 수 없다고 생각했다. 그렇게 브리는 10대도, 삽입섹스 경험이 없는 사람도, 생리컵을 쓸 수 있다는 걸 알려 주기 위해 채널을 만들었다.

어려서부터 여성의 몸에 관심이 많았어요. 늘 빨리 커서 아이를 갖고 싶기도 했고요. 탐폰에도 관심이 많아서 첫 생리를 하면 반드시 탐폰을 써야겠다고 생각했어요. 선생님이 초경 때부터 탐폰을 사용하는 건 몸에 좋지 않으니 생리 시작 후 몇 년 있다 사용하라고 했지만, 무시했죠. 내 몸인데 누가 이래라 저래라 하는 건 말이 안 되죠.

자기 몸의 변화와, 그 몸이 미래에 겪게 될 가능성에 관심이 많던 소녀. 하지만 다른 아이들처럼 학교에 갈 수 없고, 또래 친구들과 친해질 수도 없었던 브리에게 생리에 관해 말하는 유튜브 채널은 관심을 향한 갈구라기보다 세상과 소통하는 창이었다. 학교에서 브리에 관한 안 좋은 소문이 돌기도 했다. 악플을 다는 사람도 있었다. 10대 때는 또래 그룹의 평가가 어마어마한 영향을 끼친다. 그들의 평가 때문에 하고 싶은 말을 하지 못하는 경우도 있고, 입고 싶은 옷을 입지 못하는 경우도 있다. 브리가 당시 육체적으로 아팠던 건 불행한 일이지만 학교를 떠난 건 다행스러운 일이라 생각한다. 그녀가 그때 학교에 남아 있었더라면 채널을 운영하는 데 큰 어려움을 겪었을 것이다. 여성이 자기 이름과 얼굴을 걸고 자기 몸이나 여성들이 겪는 문제에 대해 발언한다는 게 결코 '쉬운' 일이 아니라는 것을 요 근래에 더 확실하게 알게 되었다. 그것이 단지 사람들의 관심을 바라거나 특별해지기 위한 목적으로만 할 수 있는 일이 절대 아니라는 것을.

브리는 채널을 운영하면서 힘든 시간을 견디고 이겨 냈다. 자신이 좋아하는 일을 직업으로도 삼게 되었다. 그녀는 사업체를 운영하며 대안 생리용품의 판매 경로를 확장시키는 역할을 하고 있다. 전 세계에서 날아오는 생리 고민을 듣고 대안을 제시하기도 한다. 브리의 방송을 보는 것만으로도, 주변에 생리통 겪는 친구가 없어 외로웠을 누군가는 위로받는다. 이 채널을 통해 브리는 유럽으로 건너오는 난민 여성들의 생리대를 무상으로 지원하는 프로젝트도 추진했다. 좋아하고 관심 있는 일을 직업으로 삼았을 뿐만 아니라 그 일로 인해 도움이 필요한 사람들에게 선한 영향력까지 끼치고 있는 것이다. 이런 그녀를 나는 관심 종자나 특별해지고 싶어 안달 난 '여자'로 오해했다. 그런 시각이 내 마음속에 교묘하게 뿌리 내리고 있었던 여성 혐오의 일부였다. 브리는 그 자체로 내게 많은 깨달음을 주었고, 내가 미처 인식하지 못했던 내 안의 여성 혐오의 뿌리를 보게 해 주었다. 그런 점에서 브리를 만난 건 내 인생에서 어마어마한 사건이었다.

나를 반성하게 만든 또 하나의 이야기가 있다. 브리의 집 여기저기에 놓여 있던 아이 신발은 브리가 위탁받아 돌보던 시리아 난민 아이의 신발이었다. 브리는 집에 남아 있는 방 하나를 시리아 난민 모자에게 내주었다. 그 이야기를 듣고 나니 집 안 곳곳에 있던 아이의 장난감도 눈에 들어왔다.

우리가 브리를 만났을 때 그녀는 스무 살이었다. 스무 살 때 나는 부모님이 주는 용돈으로 대학에 다녔고 엄마가 차려 주는 밥도 먹기 싫다며 짜증을 부렸다. 모든 이의 삶이 비교 가능한 것은 아니다. 비교해서도 안 된다. 하지만 브리를 만나고 나서 나는 내가 다큐멘터리를 만들면서 겪는 어려움에 대해 불평한 것이 머쓱하게 느껴졌다. 무엇보다 브리에게서 배운 가장 큰 미덕은 자기 일에 대한 확신과 자신에 대한 여유였다. 조급해하지 않고 묵묵히 원하는 일을 해 나가는 사람이 갖게 되는 세상을 향한 관대함. 그렇게 작은 체구의 '거인'은 자신은 물론 다른 사람들의 삶까지 조금씩 바꾸어 나가고 있었다. 과거보다 훨씬 좋은 방향으로.

생리를 해결하기 위한 시도들

✚

"감독님, 주신 1800년도 자료, 이거 생리 양말이 아니라 생리 가방인데요? 제가 다시 검색해 봤는데 menstrual sock이 아니라 menstrual sack이에요."

애니메이션 감독이 보낸 문자였다. 당시 우리는 영화 도입부를 스톱 모션 애니메이션으로 구상하고 있었다. 태초부터 지금까지 여성들이 피 흘리며 고군분투해 온 역사를 시대별 생리용품으로 빠르게 정리하는 콘셉트였다. (지금 완성된 영화와는 상당히 다르다.) 그래서 나는 나라별, 시대별 생리용품을 정리하고 있었다. 그 과정에서 현대의 생리컵과 상당히 비슷한 생리 양말을 발견했다. 생리 양말은 실로 연결된 양말 같은 주머니를 질 안으로 삽입해 피를 받아 내는 벨트형이었다. 그림을 보면 알 수 있듯이 사실은 sock 양말이 아니라 sack 작은 가방이었는데 a를 o로 잘못 본 내가 막연히 이 주머니를 양말로 착각했던 것이다.

이 패턴은 1867년 미국 시카고의 한 남성이 디자인한 것이다. 실

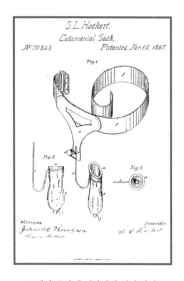

19세기 중반에 디자인된 생리 가방.
출처: Drawing of the Hockert
Catamenial Sack from patent
70,865 in 1867.

제 물건으로 만들어져 유통되었는지는 알 수 없다. 여전히 출산은 여성의 신체에 큰 무리를 끼치는 행위이지만 현대 사회에서는 의학의 발달로 어느 정도 그 위험성을 감소해 왔다. 하지만 과거의 여성들은 그야말로 '목숨을 걸고' 아이를 낳아야 했고, 그 과정에서 많이 죽었다. 산 사람이라고 멀쩡한 것은 아니었다. 당시 여성들은 출산 중에 자궁이 질 바깥으로 튀어나오는 경험을 했다. 자궁을 내부에서 지탱하던 조직이 손상될 경우 그대로 자궁이 질 바깥으로 튀어나오는 것이다. 이렇게 외부로 돌출된 자궁을 붙들어 놓기 위해 패턴에 보이는 것과 상당히 비슷한 모양의 기구가 사용되기도 했다. 이런 일을 겪을 법한 서민층 여성들은 시술은커녕 의사도 보기 어려웠을 테니 급한 대로 이런 기구를 사용해 살아왔던 것 같다.

그러니 생리 양말이라는 개념보다는 가방이 정확하다. 무언가를 들거나 보관하는 용도였던 것이다. 그나마 우리나라보다 상대적으로 기술이 더 발달한 미국이었기에 그런 기구라도 사용한 것이지, 같은

생리 공감

증상을 겪은 우리 조상은 그 끔찍한 세월을 어떻게 이겨 냈을지 상상이 되지 않는다.

생리 가방에서 생리컵으로

생리 가방의 패턴이 나온 지 60여 년의 세월이 흐른 뒤 획기적인 생리용품이 나온다. 1930년대에 처음으로 탐폰과 생리컵이 등장한 것이다. 1900년대 초반에 태어난 미국 배우이자 가수인 리오나 채머스는 생리컵 패턴을 세상에 선보이면서 이렇게 말한다.

ONE WOMAN TO ANOTHER—
"I have found the answer to a problem as old as Eve"

MRS. LEONA W. CHALMERS
towards secure, comfortable invisible protection.

생리컵을 발명한 리오나 채머스.

이브(최초의 여성) 때부터 여성의 문제였던 생리를 해결할 방법을 찾았다!

리오나는 기사에서 생리컵은 몸 안에 넣으면 밖에서는 아무것도 보이지 않아 활동하기 자유로우며 썼던 컵을 재사용할 수 있어 경제적이라는 사실을 강조했다. 탐폰과 생리컵의 가장 큰 차이점이라면 탐폰은 피를 흡수하고, 컵은 피를 받아 둔다는 것이다. 물론 재사용이 가능한 탐폰들도 있다. 실제 과거 미국에서는 천으로 된 탐폰을 재봉틀로 만들어 쓰기도 했다. 여전히 집에서 천이나 실로 만든 탐폰을 쓰는 사람들도 있다. 나도 다큐멘터리를 만들면서 영국의 한 여성이 직접 만든 탐폰을 '아주 비싼' 가격에 산 적이 있다. 너무 예뻐서 차마 몸속에 넣지 못했다. 재사용이 가능한 해면 탐폰이나 울 탐폰이 있는데도 컵이 좀 더 편하게 느껴지는 것은 '빨아서' 사용하지 않아도 되기 때문이다. 내 추측이지만 리오나는 빨아서 쓰지 않아도 되는 점을 높이 평가한 것이 아닌가 싶다. 그렇지 않다면 굳이 재사용 가능한 탐폰이 있는데 컵을 사용할 필요는 없다. 현재 생리컵은 의료용 실리콘으로 만들어지지만 리오나가 만든 생리컵은 가황 처리를 한 고무로 만들어졌다. 가황 처리는 생고무에 황을 가해서(더해서) 고무를 더 단단하게 하고, 부식되지 않게 하며, 탄성도 강하게 가공하는 것을 말한다. 생리컵에서 탄성이 중요한 이유는 접혀 있던 컵이 질 내부로 들어가서 스스로 퍼지려면 그만큼 탄성이 강해야 하기 때문이다.

생리컵을 발명한 리오나 채머스

태초부터 있었던 여성의 문제를 해결하리라 확신했던 리오나 채머스의 첫 번째 컵은 2차 대전 발발로 인해 생산을 중단해야 했다. 탱크 타이어 제작에 모든 고무가 동원됐던 것이다. 하지만 리오나는 포기하지 않고, 1950년대 초반 어마어마한 마케팅 비용을 들여 재기에 나선다. 컵을 추천하는 간호사들에게 컵 수천 개를 나누어 주면서 홍보하게 했다. 뉴욕 타임스스퀘어에도 생리컵 광고를 걸었다. 하지만 끝내, 한 번 쓴 컵을 다시 질에 넣는 아이디어가 주는 거부감을 극복하지 못했다. 아이러니한 것은 리오나는 그것이 여성들의 문제를 해결할 획기적인 방법이라고 믿었다는 것이다. 하지만 당시 여성들만 그런 반응을 보였던 게 아니다. 지금 여성들도 한 번 쓴 것을 다시 써야 한다는 것 때문에 생리컵 사용을 주저하고 있기 때문이다. 누군가는 그 때문에 컵을 구매하고, 누군가는 또 그 때문에 컵을 거부한다.

리오나는 생리컵의 시장화를 위해 많은 돈을 투자했지만 결국 1963년 회사는 사라지고 만다. 생리컵은 시장성이 낮은 제품이기는 하다. 한 번 구매해 만족한 여성들은 다시 컵을 살 일이 없기 때문이다. 나만 해도 처음엔 다양한 컵을 써 보고 싶었지만 특정 컵이 몸에 가장 잘 맞는다는 걸 안 이후로 다른 컵은 사 놓고도 쓰지 않는다. 생리컵을 처음 사용할 때에는 삶의 패턴이 바뀌고 진기한(?) 물건을 가지게 된 흥분 때문에 이런저런 시도를 해 보지만 결국엔 그것도 일상의 한 부분으로 자리 잡는다. 물론 다양한 컵을 소장하고 싶어 하는 여성들도 있지만 여성들이 매달 새로운 컵을 사지 않는 이상 쓰고 버리는 기존의 일회용 생리대만큼 크고 안정된 시장을 확보하기는 어렵다. 처음부터 컵에 거부감을 느끼거나 딱히 컵을 써야 할 만큼 기존 것에 불편함을 느끼지 못한 여성들은 아예 컵을 사지 않는다. 시장이 확장될 가능성이 없으니, 생리대나 탐폰을 만들어 온 대형 회사들이 생리컵 시장에 뛰어들지 않는 것이다.

생리용품 시장도 점차 변하고 있지만 여전히 한국에서는 생리컵을 사는 것이 어렵다. 2017년 8월부터 수입하기로 했는데도 아직 수입되지 않고 있다. 하지만 곧 수입과 생산이 가능해지리라 생각한다. (2018년 1월 한국의 생리컵 제조사 이지앤모어를 통해 미국에서 제조된 '페미사이클'이 수입, 판매될 예정이다.) 그렇게 되면 생리 때 한국 여성의 모습도 많이 달라질 것이다. 이벤트성일 수 있겠지만 팝업 샵Pop-up shop에서 다양한 생리용품을 전시하고 판매하는 것도 생리컵을 시장으로 더 친숙하게 끌어들이는 데 도움이 될 것 같다. 〈피의 연대기〉 포스터를 만든 '프로파간다'의 최지웅 디자이너는 아디다스나 나이키에서 만든 생리컵이 있으면 잘 팔릴 것 같다고 했다. 좋은 아이디어 아닌가? 생일 선물로 나이키 로고가 박힌 생리컵을 선물받는다면, Nothing is impossible!!

시간이 흘러 미국과는 멀리 떨어진 한반도에서도 생리컵이 이렇게 큰 이슈가 될 줄 알았다면 리오나도 결국은 자기 생각이 맞았다는 것을 알게 되었을 텐데. 자신의 무모해 보이는 도전과 포기할 줄 모르던 근성이 후대의 여성들에게 남긴 유산이 얼마나 큰지, 하늘에서 리

생리 공감

오나가 자신이 뿌린 씨가 나무가 되어 열매 맺는 과정을 귀동냥으로 나마 들을 수 있기를 바라 본다.

어디에나 페미니스트가 필요하다

✛

2016년 4월과 5월 내 인생에서 가장 외롭고 절망적인 날을 보내고 있었다. 6월에 있을 서울국제여성영화제 프리미어를 앞두고 편집을 마무리해야 하는 시점이 왔기 때문이다. 그때까지만 해도 나조차 이 영화가 완성될 거라 믿지 않았으니, 지금의 나는 모든 일이 기적처럼 느껴질 뿐이다. 영화의 초반 30분은 영화를 시작하게 된 이유를 설명하는 도입부와 생리를 하는 여성들의 증언 그리고 생리혈을 혐오하는 사회적 분위기를 보여 주고 그 뿌리를 추적하는 것으로 구성되었다. 그 뒤로는 대안 생리용품을 둘러싼 이야기와 무상 생리대 이슈가 등장한다. 거의 모든 구성 요소가 갖추어졌는데, 생리혈을 혐오하게 된 그 뿌리에 대한 부분은 채워지지 않았다.

생리혈이 오랜 세월 부정하고 불경한 피로 여겨져 온 건 성경에도 나와 있고, 다양한 여성주의 책에도 나와 있다. 하지만 그 말을 '입'으로 해 줄 사람이 필요했다. 영화에는 장면과 목소리가 담겨야 하니까. 관련 이미지를 쓰면서 내가 여기저기서 얻은 지식으로 쓴 내레이션을 깔 수도 있었지만, 그러기엔 너무 아쉬웠다. 젊은 여성 종교학자는 없을까? 생리를 주제로 논문을 쓴 사람은 없을까? 두 가지를 다 만족시킬 만한 사람을 찾는 건 불가능해 보였다. 연구자들이 자기 관심사를 블로그에 정리하는 걸 여러 번 봤기 때문에 마지막으로 블로그를 뒤지기로 했다. 하지만 별다른 기대는 없었다. 절대 찾지 못할 거야, 절대로. 그날 밤 나는 네이버 블로그 검색 페이지 스물한 번째를 넘겨 보면서 생각했다. 스물두 번째까지만, 딱 한 페이지만 더 넘겨 보고 포기하는 거야.

중세가 바라본 여성의 몸, 생리

만나야 할 사람은 만나게 된다고들 한다. 어쩌면 이 영화가 완성될 운명이었던 걸까? 그날 기적처럼 스물두 번째 페이지에 있는 민지 씨의 블로그를 찾아냈다. '너른종교학' '깊은일상학' 같은 카테고리 다섯 번째 이름이 '빛나는월경'이었다. 민지 씨는 미국 휴스턴에 있는 라이스 대학교에서 종교학으로 박사 과정을 밟고 있었다. 박사 논문 주제는 〈중세 가톨릭에서 본 여성의 몸〉이었다. 중세 가톨릭은 의학과도 관계가 밀접해 결국 중세 종교학과 의학의 관점에서 바라본 여성의 몸에 대해 공부하는 셈이었다. 이렇게 완벽할 수가! 민지 씨 블로그는 종교학적 관점에서 해석한 여성에 대한 글로 가득 차 있었다. 특히 '빛나는월경' 게시판은 글 개수는 적었지만 학자로서 민지 씨가 어떤 부분을 연구하고 있는지, 연구자로서 민지 씨의 열정이 어느 곳을 향해 있는지 확인할 수 있는 곳이었다. 중세 대표적인 신학자 토마스 아퀴나스가 그의 저서에서 생리혈을 다룬 부분부터 성녀 힐데가르트가 생리를 어떻게 바라보았는지에 관한 기록까지! 내가 찾던 '그 사람'이라는 확신이 들었다. 나는 지체할 것 없이 바로 그녀에게 메일을 보냈다. 바로 다음 날 민지 씨는 메일로 흔쾌히 촬영을 허락해 주었다. 난관이 남아 있었다. 민지 씨는 휴스턴에 있고 우리는 한국에 있었다. 여름 즈음 한국을 방문할 예정이었지만 그 전에 영화를 마무리해야 했다. 우리는 고민 끝에 스카이프 촬영을 하기로 했다. 그렇게 휴스턴과 서울이 연결되었다.

촬영 당일 새벽 여섯 시. 조연출과 프로듀서가 내가 사는 자취방으로 찾아왔다. 우리는 씻지도 않은 채 카메라를 설치했다. 민지 씨와 대화 나누는 장면 오른쪽 귀퉁이를 보면 감지 않은 앞머리가 하늘로 뻗쳐 있는 모습이 작게 등장한다. 휴스턴과 서울은 14시간 거리였다. 마침내 스카이프로 연결된 우리는 반가운 인사를 나누었다. 한국에서 석사 과정을 할 때부터 민지 씨는 생리와 관련된 논문을 쓰고 싶었다. 하지만 지도교수는 민지 씨에게 자료가 거의 남아 있지 않을 거라고 했다. 연구는 결국 기록에 의존해야 하는데 오줌 싸고 똥 싸는 걸 누가 꼼꼼하게 기록해 놓느냐는 것이었다. 그 교수는 생리혈도 똥이나 오줌처럼 배설물 중 하나로 여긴 것이다.

민지 씨는 그런 말에 낙담하지 않았다. 다행히 박사 과정을 하러 건너간 미국에서 계속 연구를 할 수 있었다. 여자들 스스로는 기록하지

생리 공감

않았을지 모르지만 그 피를 해석한 남성들의 기록은 남아 있었다. 성경에서 묘사된 인간의 기원은 하와가 저지른 '죄'다. 하와가 하나님이 먹지 말라고 명한 '선악과'를 따 먹고 '아이를 낳아야만 하는' 벌을 받게 된 것이다. 토마스 아퀴나스는 예수를 신성시하기 위해 자신의 저서《신학대전》에서 성모 마리아가 예수를 잉태할 때는 불경한 피(생리혈)가 관여하지 않았다고 주장한다. 모든 출산은 불경한 피가 개입된 '나쁜' 것이지만, 예수만큼은 그 피로 태어나지 않았다는 것이다. 민지 씨는 여성의 생리혈을 극단적으로 해석한 남성들의 마음 바닥엔 여성들의 몸을 알지 못하는 데서 비롯된 두려움이 깔려 있다고 보았다.

민지 씨는 내가 종교와 생리 사이에서 막연히 느꼈던 것들을 학자의 명쾌한 언어로 설명해 주었다. 자신의 전공 분야에 그치지 않고 선배를 통해 알게 된《혈분경血分經》에 대한 정보까지 건네주었다. 《혈분경》은 경전이다. 동아시아 불교에서 유래한 것으로, 여성은 생리나 출산 중에 흘린 피로 강물을 오염시키는 죄를 짓기 때문에《혈분경》을 읊어 죄를 용서받아야 한다는 내용이다. 놀라웠다. 동서양의 종교가 생리혈을 불경한 것으로 바라보고 '아이' 낳는 여성의 몸을 '죄악시'하는 것이 소름 끼칠 정도로 닮아 있었기 때문이다. 이런 시각은 기독교, 불교 두 종교의 영향을 받은 사상은 물론 정치, 사회, 과학 분야에도 지대한 영향을 끼쳤다. 현대를 살아가는 우리 삶의 기반이 되는 그야말로 '모든 것'에 그런 시각이 내재된 것이다.

이로써 우리 영화는 서양과 동양에서 여성의 생리혈을 죄악시했던 사상의 근원을 담을 수 있게 되었다. 스카이프 촬영을 마친 뒤 김밥과 라면으로 아침을 때운 우리는 다시 작업실로 돌아가《혈분경의 기원과 사회 종교적 의미》를 쓴 송요후 선생님을 찾아 나섰다. 그렇게 우리의 영화는 조금 더 완성에 가까워졌다.

어디에나 페미니스트

2017년 10월 잠시 한국을 방문한 민지 씨를 만났다. 우리는 양꼬치집 뜨거운 불판에 고기를 구우면서 생리혈과 여성의 몸에 대해 무궁무진한 이야기를 나누었다. 어려서부터 교회에 다닌 나는 늘 남성 개신교 중심의 성경 교육을 받았다. 여성은 순결해야 하고, 순종적이어야 하며, 남성을 돕는 지지자가 되어 주어야 한다. 혼전순결을 애저녁에 잃어버린 나는 늘 죄책감에 시달렸고 교회 사람들이 내가 처녀가 아니라는 사실을 알게 될까 봐 불안했다. 어느 날은 수련회에 참석해 이런 죄로 가득한 내 육신을 불태워 달라고 기도한 적도 있다. 마치 이 세상을 살아가면서 내가 지켜야 할 것은 오직 하나, 처녀성인 것처럼. 불합리하고 말도 안 되는 일인 것을 알아차렸으면서도 워낙 오랜 세월 함께해온 공동체라 쉽게 저버릴 수 없었다. 무엇보다 힘이 들었던 건 내부에서 그런 억압과 폭력에 저항하거나 불만을 품은 '자매'가 단 한 사람도 없었다는 것이다. 나와 민지 씨는 양꼬치를 뜯으면서 자위 기구, 섹스, 낙태 등에 대해 허심탄회하게 이야기를 나누었다. 스스로 개신교도라 말하는 자매를 만나 이제껏 내가 지옥에 떨어질 죄라고 믿어 왔던 일들에 대해 이야기를 나누자 구원을 얻은 것 같은 기분마저 들었다.

우리에겐 페미니스트 교사가 필요하다. 페미니스트 교사는 물론이거니와 수많은 분야에서 자신의 전문성을 가지고 여성주의를 실천할 수 있는 사람이 필요하다. 목사, 교수, 연구원, 과학자, 영화 제작자, 비평가, 셰프 등등. 이제까지 남성 중심의 이론과 지식이 지배해 왔던 수많은 분야에서 다른 목소리를 내 줄 사람이 필요하다. 나는 언젠가 민지 씨가 이 힘겨운 연구를 끝냈을 때 그런 사람이 되리라 생각한다. 생리를 똥이나 오줌처럼 취급한 교수 앞에서도 하고 싶은 연구를 포기하지 않았던 열정은 아무도 쓰지 않는 생리컵을 심혈을 기울여 만들고 광고했던 리오나 채머스를 떠올리게 한다.

여자도 여자를 모를 때가 있다

✚

석 달째 한 팟캐스트에 고정 출연하고 있다. 아이튠즈 팟캐스트 코미디 분야 5위에 빛나는 '독일언니들'의 진행자 맷돼지 님이 진행하는 〈영혼의 노숙자〉라는 방송이다. 그곳에서 나는 좋아하는 미국 드라마를 추천하는 코너를 맡았다. 특별히 여성이 주인공으로 등장하는 드라마를 골라 소개한다. 초기엔 내 전문(?) 분야를 살려 생리와 관련된 에피소드를 소개했다. 가령 생리 중 섹스가 코믹한 요소로 나오는 〈크레이지 엑스걸프렌드Crazy Ex-Girlfriend〉 같은 드라마를 소개하는 식이다. 생리 이야기를 주로 한 까닭이 크겠지만, 한 청취자에게서 이런 말을 들었다. 본인은 생리에 크게 불편함이 없고 그다지 신경 쓰지 않고 사는데 너무 생리 이야기만 하니 좀 불편하다고. 생리컵 이야기를 하는 것도 가르치려고 드는 것 같다고. 충분히 그럴 수 있다. 그런데 청취자에게서 이 이야기를 듣자마자 문득 많은 여성과 나눈 인터뷰에서 공통적으로 나왔던 하나의 이야기가 떠올랐다.

여성들 중 일부는 생리통을 겪지 않거나 사소한 통증만을 겪는다.

나조차 고등학교 땐 생리통이 없었다. 그래서 자궁을 손으로 쥐어짜는 것 같은 극심한 통증을 호소하는 친구들 말을 귀담아듣지 않았다. "정말? 그 정도야?" 하면서 걱정스런 표정을 짓긴 했지만 걸핏하면 양호실로 달려가고 결석하는 친구들을 보면서 과장된 공포이리라 생각했다. 내가 인터뷰한 여성 중 절반도 그런 이야기를 했다.

"정말 그렇게 아플까? 꾀병 같다는 생각이 들어요."

얼마 전, 고등학교 동창인 이서영 작가가 〈오마이뉴스〉에 생리에 관한 글을 기고했다. 그 글에서 서영은 생리통과 얽힌 고등학교 때 일화를 썼다. 자신은 생리통이 심해 종종 수업시간에 엎드려 있었는데 당시 짝이었던 내가 자신을 깨우라는 선생님들 지시에 "서영이는 생리통이 있어 자야 한다"고 말했다는 것이다. 그 글을 읽고 놀랐다. 나에게 그런 용기가 있었다는 것과 그만큼 친구의 고통을 이해하려고 노력했다는 사실이 기억나지 않았기 때문이다.

나도 나이를 먹으면서 생리통이 생겼다. 어떤 날은 가만히 앉아만 있어도 온몸에 식은땀이 흐를 정도로 피곤과 통증이 몰려왔다. 생리를 하기 이틀 전부터는 두 다리가 저렸다. 그 통증에 잠에서 깨기도 했다. 그래도 맡겨진 일들은 했다. 생리통이 있다고 아르바이트를 빠지거나 무단으로 회사를 빠질 수는 없었다. 석 달 전 복용하던 피임약을 끊었을 때 원인을 알 수 없는 복통이 시작됐다. 자궁에서 시작된 통증은 척수를 타고 심장까지 전해졌다. 생리를 한 지 15일이 채 넘지 않았기 때문에 생리통이라고는 상상조차 하지 못했다. 보통 생리통은 진통제를 두 알 먹으면 진정되었는데 이번엔 달랐다. 자정 즈음 참다못해 진통제를 두 알 더 먹었다. 새벽 4시경까지 고통에 잠 못 이루던 나는 구급차를 불러 응급실에 갈지, 마지막으로 진통제를 한 알 더 먹을지 갈등하다 진통제 한 알을 입에 털어 넣었다. 순식간에 고통이 잦아들고 어느새 잠이 들었다. 아침에 화장실에 가자 엄청난 양의 생리혈이 터져 나왔다. 간밤에 죽을 듯이 내 몸을 쥐고 흔들던 고통은 다름 아닌 생리통이었다.

생리 혐오, 여성 혐오

2016년 한 커뮤니티에 지하철 생리혈 사진이 올라왔다. 원본은 지하철 좌석에 피가 흥건하게 고여 있는 것이었지만 후에 기사화되면서 모자이크 처리가 됐다. 논쟁이 가열되자 게시물이 삭제되었다. 내용은 지하철에서 한 여성이 좌석에 생리혈을 묻혀 놓고 그냥 가 버렸다는 것이다. 키워드는 '여자', '생리', '치우지 않고', '도망' 정도가 되겠다.

이 글에 재미있는 표현이 쓰였다. '아몰랑.' 여자가 그냥 도망간 게 아니라 '아몰랑' 하고 도망갔다고 글은 강조한다. 아몰랑이라는 표현이 어떻게 생겼는지에 대해서는 이런저런 말이 많지만 처음에는 아무 생각 없는 사람을 표현할 때 성별에 관계없이 사용됐을 가능성이 크다. 그런데 어느 순간부터 아몰랑이 자기 행동에 책임을 지지 않는, 생각 없는 여성들을 꾸미는 수식어로만 쓰이기 시작했다. 그러니 지

한 커뮤니티에 게시돼 논쟁을 불러일으킨 '피' 사진.

하철 자리에 생리를 싸질러 놓고도 생각 없이, 무책임하게 도망가 버렸다는 것이다.

생리컵을 사용하면서 정확히 하루 동안 내가 얼마만큼의 피를 흘리는지 측정할 수 있게 됐다. 여성마다 다르겠지만, 흔히 생리 둘째 날 가장 양이 많다고 한다. 나도 그렇다. 3년간 생리컵으로 측정해 본 결과 나는 생리 양이 많지 않은 축에 속했다. 아침에 끼우고 나갔다 저녁에 돌아와 빼면 되었다. 그 사이에 한번도 생리컵을 간 적이 없다. 어쩌다 평소보다 양이 많은 날에는 저녁 무렵 팬티에 아주 희미하게 피가 묻어 있고, 질에서 컵이 꿀렁이는 소리가 나는 정도였다. 더는 견디지 못하겠으니 컵을 비우라는 신호였다. 내가 쓰는 루넷컵 용량은 약 30밀리리터다. 그러니 가장 양이 많은 날 나는 대략 그 정도의 피를 흘리는 것이다. 그 양으로는 천으로 된 지하철 좌석 하나를 적시지 못한다. 30밀리리터의 2배, 3배에 달하는 양이라도. 그 사진을 보고 나는 그 정도의 피를 흘렸다면 분명 건강 상태가 정상이 아닐 거라 생각했다. 그 피가 질이 아니라 몸의 다른 곳에서 나오더라도 위험하다. 어찌어찌 지하철을 탈출했더라도 곧 쓰러지거나 빈혈 증상을 보였으리라. 그 여성은 비난을 당하기보다 도움을 받았어야 할 사람이다.

글을 게시한 이도 남자, 여성을 비난하는 댓글을 남긴 것도 대부분 남성이었다. 지하철이 거의 2분마다 서고, 역마다 화장실이 있는데 그걸 참지 못하느냐는 말도 인상적이었다. 나름의 논리를 갖추려고 애썼지만 여성의 몸을 전혀 이해하지 못한 데서 비롯된 말이었다. 왜 자신의 생리 주기도 미리 챙기지 못하느냐는 질책도 많았다. 미리미리 생리대를 챙겨서 다니면 이런 일이 생기지 않았을 거라는.

'여자들 보통 가방에 물티슈 가지고 다니지 않나요?'

여자라면 물티슈를 가지고 있어야 한다는 의견도 흥미로웠다. 다른 경우지만 학교나 회사에서 남성들이 종종 내게 물티슈 있냐고 물어보는 경우가 있었다. 역으로 나는 남자친구나 남자 선배에게 당연하다는 듯 물티슈가 있냐고 물어보지는 않았다. 여자는 항상 물티슈를 갖고 다녀야 할 정도로 깔끔해야 한다는 선입견이 있는 것이다.

재미있는 건 여성들 댓글이다. 진짜 그들이 여성인지는 확신할 수 없다. 여하튼 그 댓글들은 '나도 여자지만'으로 시작해 '이해할 수 없다' '창피하다'로 결론지었다. '나라면 절대 안 그럴 것'이라고 자부하는 글에선 묘한 구별 짓기도 느껴졌다.

생리 공감

원래 게시글에서 또 하나 흥미로웠던 것은 그 여자가 '하이힐 신은 발로 아몰랑' 하고 도망갔다는 것이다. 어쩔 수 없이 '하이힐'을 신은 여자는 무책임하다는 소리로 들린다. 많은 여성이 하이힐을 신지 않나. 그렇다면 과연 여자들은 무책임할까.

당시에 나는 좌석에 묻은 피가 하혈이라고 생각했다. 여전히 그럴 가능성이 있다. 얼마 전 자궁과 관련된 시술이나 수술을 받았거나, 유산을 했거나, 임신중절수술을 받았거나…. 가능성은 많다. 어떤 식으로든 자궁이 아프면 여성은 엄청난 피로감을 느낀다. 먹던 피임약을 끊기만 해도 평소보다 훨씬 많은 (그야말로 어마어마한 양의) 생리혈을 쏟아 내고, 작은 근종 하나만 제거해도 사람에 따라 출혈이 계속된다. 그런 경우 생리대는커녕 기저귀로도 감당이 안 된다. 나는 그런 케이스이리라 생각했다.

다낭성난소증후군이 깨우쳐 준 것

여성영화제에서 〈피의 연대기〉를 상영하고 초대받은 집담회(여성환경연대 주최)에서 우연히 연주 씨를 만났다. 집담회가 끝난 후 자유 발언 시간에 내내 조용히 자리를 지키던 연주 씨가 다짐한 듯 손을 든 것이다. 담담한 표정으로 사람들 앞에 선 연주 씨는 자신의 이야기를 시작했다.

초등학교 6학년 때 생리를 시작했어요. 중학교 때도 양이 엄청나게 많았어요. 그런데 고등학교에 들어가고 나서 급격하게 살이 찐 뒤로 1학년 때 갑자기 생리가 멈췄어요. 친구들은 생리 때문에 고생하는데 저는 생리를 하지 않아서 오히려 편하고 좋았죠. 불편한 게 전혀 없었는데 엄마는 내심 걱정이 되셨는지 저를 산부인과에 데려가셨어요. 산부인과 의사는 딱히 병명도 말하지 않고 스트레스를 받아서 그런 거라며 생리를 하고 싶으면 유도주사를 놔 주겠다고 했어요. 그래서 그냥 더는 병원에 다니지 않았죠. 그러다 대학에 갔어요. 그리고 어느 날….

대학에 간 뒤 운동을 하니 살이 빠졌다. 그러면서 멈추었던 생리가 다시 나오기 시작했다. 워낙 양이 많아 낮에도 오버나이트를 차야 했다. 그런데 어느 날 수업에 들어가려는 순간 감당할 수 없을 만큼 많은 피가 쏟아져 나오는 것이 느껴졌다. 생리가 터지는 것과 동시에 엄청난 피로감이 몰려왔다. 오버나이트로도 감당이 되지 않았다. 더는 수업을 들을 수 없었다. 짐을 챙겨 어기적어기적 지하철역까지 갔다. 걷는 동안에도 어마어마한 양의 피가 나왔다. 전철에 탄 뒤 연주 씨는 자리에 앉고 싶은 마음을 꾹 억눌러야 했다. 앉으면 곧바로 피가 샐 것만 같았다. 결국 연주 씨는 지하철에서 쓰러졌다. 정신을 차려 보니 사람들이 몰려와 있었다. 곧바로 산부인과로 갔다. 의사가 검사를 하는 와중에도 피는 계속 쏟아져 나왔다. 수도꼭지에서 물이 흐르듯 꼴꼴꼴꼴 질에서 피가 뿜어져 나오는 소리가 연주 씨의 귀에까지 들렸다.

생리 공감

그 일이 계기가 되어 정밀 검사를 받았다. 병명은 다낭성난소증후군이었다. 2년 동안 자궁에 고여 있던 피가 한꺼번에 쏟아져 나온 거라는 말을 듣고 연주 씨는 아득해졌다.

종종 강의에 초대받으면 〈피의 연대기〉의 한 장면인 지하철 사건을 보여 준다. 그리고 묻는다. 이거 생리일 것 같아요? 아닌 것 같아요? 대부분 여성은 생리가 아닐 것 같다고 대답한다.

"하혈일 것 같아요."

처음 영화를 편집할 때는 이 장면으로 남성 혹은 여성들이 생리에 갖고 있는 편견과 혐오를 보여 주고자 했다. 생리여도 아니어도 상관없었다. 그게 생리라고 생각하고 여성을 손가락질하는 혐오의 감정을 보여 줄 수 있는 좋은 사례라고 생각했다.

하지만 집담회 이후 지하철 생리혈 사건을 바라보는 내 시각은 완전히 달라졌다. 연주 씨 때문만은 아니다. 집담회에 참가한 한 여성은 생리컵을 사용하면 큰 사이즈의 생리컵으로 두 시간마다 피를 비워 내야 할 정도로 양이 많다고 했다. 생리 때마다 이불을 빨아야 하고, 탐폰을 차고 그 위에 다시 생리대를 차도 피가 샐 만큼 많은 양의 피. 나는 양이 많아, 나는 적어, 종종 여성들끼리 이런 대화를 나누지만 그 양이 어느 정도인지 구체화되지 않기 때문에 우리는 쉽게 많은 양의 피를 흘리는 여성들의 삶을 간과한다.

집담회가 끝나고 집으로 돌아가는 길. 지하철 역사에 앉아 지나가는 사람들을 지켜보며 한참을 앉아 있었다. 문득 생리에 관한 다큐멘터리를 1년 넘게 만들고 있던 나조차 연주 씨 같은 여성들의 삶에 대해 들어 보지 못했다는 것에 자괴감이 들었다. 다시 촬영할 수 있는 제작비는 남아 있지 않았다. 촬영 팀도 모두 해체된 상황이었다.

하지만 연주 씨 이야기를 들은 이상 이대로 영화를 완성할 수는 없었다. 집담회를 한 다음 주 나는 홍대 입구의 커피숍에서 연주 씨와 만나 이야기를 나누었다. 연주 씨는 자신에게 이런 일이 벌어질 수 있다는 걸 아무도 가르쳐 주지 않은 게 가장 원망스럽다고 했다. 후에 나는 《여성의 진화》를 읽으면서 다낭성난소증후군이 건강부국으로 분류되는 선진국 여성들 사이에서 생각보다 자주 일어나는 현상이라는 걸 알았다. 그동안 자기 얘기를 할 기회가 없었던 연주 씨는 처음 만난 사람인 내게 어려서부터 지금까지 자신이 겪은 경험과 상황에 대해 털어놓았다. 그리고 흔쾌히 촬영에 응해 주었다.

그들을 말하게 하라

인터뷰 촬영은 보통 1시간에서 길게는 2시간 정도 진행된다. 편집기 앞에 앉은 나는 그 촬영분을 몇 개월 동안 보고 또 본다. 그러다 보면 그 사람과 더 가까워진다. 이제 나는 영화에 출연해 준 여성들의 얼굴만 떠올려도 그들의 사연과 목소리, 말할 때 표정과 습관까지 모든 것이 한꺼번에 떠오른다. 수많은 여성이 필모그라피도, 경력도 없는 나의 촬영 제안에 응해 주었다. 단지 이 프로젝트가 가진 목표와 의미에 동의해 주었기 때문이다. 그리고 한번은 꼭 누군가에게 하고 싶은 말이 있었기 때문이다. 엄마에게도, 친구에게도, 단 한번도 한 적 없는 이야기를 카메라 앞에서 해 준 그녀들이 이 영화를 완성했다. 그리고 그 목소리들이 내 삶을 변화시켰다. 한 사람의 진솔한 이야기 만큼 강력한 힘을 지닌 서사는 없다. 이제껏 한쪽으로 치우쳐 해석되던 여성의 몸에 관한 이야기가 더 다양하고 더 큰 목소리로 들려져야하는 까닭이다.

누군가는 통증이 전혀 없는 생리 주기를 보내고 누군가는 온몸이 반으로 쪼개지는 것 같은 고통을 감내한다. 누군가는 양이 적어 생리 대만으로도 충분하고, 누군가는 탐폰과 오버나이트를 한꺼번에 차도 안심할 수 없는 주기를 보낸다. 저마다의 경험이 다르고 각자가 이겨 내야 할 고통의 양도 천차만별이다. 하지만 내가 겪지 않는다고 해서 남이 겪는 고통을 모른 척할 수는 없다. 고통받는 누군가가 있다. 당신이 상상할 수 없을 만큼 많은 양의 피를 흘리는 사람이 분명 이 세상에 존재한다. 그럴 때 우리가 할 수 있는 것은 무엇일까? 바로 그 사람의 목소리가 다른 이들의 목소리보다 좀 더 크게 들릴 수 있도록 마이크를 그에게로 돌리는 일이다.

내 몸을
용서한 시간

첫 키스의 날카로운 추억

✚

살아가면서 누구에게나 과거의 자신과 결별해야만 하는 순간이 찾아온다. 그날은 불쑥 찾아오기도 하고 지난한 과정 끝에 오기도 한다. 혹 누군가는 그 순간이 온 줄도 모른 채 지나쳐 버릴 수도 있겠다. 결별의 순간을 맞았다고 해서 즉시 모든 것과 이별하는 것은 아니다. 다시 돌아갈 수 없다는 걸 알면서도 익숙했던 그 사람의 체취나 손길이 그리울 때가 있다. 그럴 때 전화기를 들고 그 사람의 번호를 누르느냐 누르지 않느냐는 전적으로 내 의지에 달려 있다. 〈피의 연대기〉를 만들면서 나는 이전까지 내 생각을 구성하던 수많은 통념과 결별해야 했다. 나를 짓누르고 억압하던 사회적 통념과 이별하는 일은 쉬웠다. 시원했다. 야, 원래 그런 거 아니래, 이제 저리 가! 하지만 나의 기억과 추억에 남아 있는 상처들과는 쉽게 이별할 수 없었다. 그 기억은 오랜 시간 나를 구성하는 요소였고, 다른 수많은 기억과 연결되어 있었기 때문이다.

내 몸이 못마땅했던 시절

어릴 때 아버지는 내 얼굴이 크다면서 내게 '얼큰이'라는 별명을 붙여 주었다.

"누굴 닮아서 넌 그렇게 얼굴이 크냐."

글로 써 놓고 보니 잔인한 말처럼 보이지만 애정을 표현할 방법을 잘 모르던 아버지가 나를 놀리고 나의 관심을 끌기 위해 사용한 농담이었다. (그럼 나는 울거나 우울해져 나를 그렇게 낳은 부모를 원망하거나 자신을 자책하면서 아버지와 점점 더 멀어져만 갔다. 그 놀림은 누구를 위한 농담이었을까.) 누굴 닮아서 그러냐는 말은 보통 부모가 자식의 부족함을 자신이 아닌 남의 탓으로 돌리기 위해 쓰는 말이다.

아빠가 그렇게 나를 놀리면 엄마는 머리가 커야 든 게 많다는 식으로 날 위로했는데, 오히려 그 말이 내 머리가 크다는 걸 확인시켜 주는 것 같았다. 오랜 세월 나는 평균 사람들보다 내 얼굴이 더 크다고 믿게 되었다. 물론 문제는 얼굴이 크다는 데 있지 않았다. 얼굴이 큰 것은 좋지 않다고 믿게 된 것에 있을 뿐. 얼굴이 작은 것은 좋은 것, 예쁜 것이라고 믿고 말이다.

커 가면서 나는 키와 몸집 등 모든 면이 왜소한 축에 속했다. 초등학교 때까지 무럭무럭 자라던 키가 중학교 2학년을 지나면서 완전히 멈췄다. 나는 그 이유가 이른 초경에 있다고 생각한다. 《여성의 진화》에도 이렇게 나온다.

생애사 이론의 관점에서 볼 때, 여성의 성숙에 대한 중요한 문제 중의 하나는 바로 성장이냐? 혹은 번식이냐?입니다. 다시 말해서 제한된 에너지 상황에서 모든 에너지를 여성의 성장과 성숙을 위해 투입할 것인지 혹은 일부 에너지를 번식을 위해 할당할 것인지에 대한 결정을 해야 한다는 것입니다.

-웬다 트레바탄, 《여성의 진화》, 에이도스, 71쪽.

《여성의 진화》를 읽으면서 가장 흥미로웠던 사실은 여성의 몸은 성장과 번식의 딜레마에 놓여 있다는 점이었다. 이른 초경에는 다양한 이유가 있는데, 초경이 빨리 오면 몸은 이제 성장에 들어갈 에너지를 번식을 위한 에너지로 돌려야만 한다. 모든 에너지가 번식을 위해 돌아가진 않겠지만(임신을 하지 않았으니) 성장으로만 가야 할 에너지가 번식을 위한 에너지로 사용될 가능성을 고려해 본다면 나의 성장이 초경이 시작된 후 2, 3년 안에 멈춰 버린 것이 한편으로는 납득이 간다. 나만의 경험일 수 있지만 키가 170센티미터 넘는 주변 친구들은 모두 고등학교 1, 2학년 때 초경을 맞았다. 그래 봤자 서너 명이긴 하지만 나는 이 이론을 꽤 신실하게 믿는 편이다.

초등학교 때 맨 뒷자리를 차지하던 나는 점점 앞자리로 밀려나기 시작했다. 키만 크지 않은 게 아니라 살도 찌지 않았다. 마른 것이 한때는 유행이던 시기가 있었다. 모델들이 비쩍 마른 상태를 유지하느라 아사하는 경우도 있었다. 내 팔과 다리는 늘 살이 없었다. 마른 것이 좋지 않다는 생각은 하지도 못했고 그렇게 가르쳐 주는 사람도 없었다. 나이 들어서까지 무릎이 건강하려면 운동을 해서 하체 근력을 단단히 하거나 허벅지를 튼튼하게 해야 한다는 사실도 몰랐다. 은근히 비쩍 마른 다리를 자산으로 여겼다. 남자들의 다리를 비하하는 표현은 거의 없지만, 종아리나 허벅지가 상대적으로 두꺼운 여성들의 다리는 '코끼리 다리'로 비유되며 놀림감이 됐다.

하지만 비쩍 마른 다리는 내게 의외의 고통을 안겨 주었다. 하체를 단련시키지 않아 엉덩이나 내전근에 힘이 턱없이 부족해 걷거나 뛸 때 쓰이는 모든 힘이 무릎에 쏠렸다. 스물두 살 때 누군가가 내게 '왜 뒤뚱뒤뚱 걷느냐'고 물었고, 그때 처음으로 내가 왼쪽 다리에 더 힘을 주고 걷는다는 사실을 발견했다. 얼마 지나지 않아 왼쪽 무릎을 움직일 때마다 툭툭 소리가 났고, 시리고 아프기까지 했다. 정형외과에서 엑스레이를 찍은 뒤 왼쪽 무릎의 연골이 얼마 남아 있지 않다는 사실도 알게 됐다. 퇴행성관절염이었다. 엑스레이 속 내 몸의 골반은 휘어져 있었고, 휘어 버린 그 골반이 '생리통'을 유발했다는 사실을 나중에 알았다. 의사의 진단에 따르면 당시 내 관절은 60대의 관절과 비슷한 상태였다.

큰 가슴을 좋아했던 남자

고등학교에 진학하면서 여자의 가슴 크기가 다양하다는 걸 알게 되었다. 여름방학이면 나는 문학 캠프에 참가했다. 그때마다 같은 반 친

생리 공감

구 열댓 명과 문학 캠프가 열리던 대학 기숙사에서 먹고 자고 '씻으며' 일주일을 보냈다. 유난히 가슴이 크고 골반이 떡하니 벌어진 친구가 있었다. 우리는 그 친구를 놀림 반 부러움 반으로 '캐서린 제타 존스(미국 영화배우)'라고 불렀다. 함께 샤워장에 몰려가 씻을 때면 그녀의 골반과 가슴을 힐끔힐끔 쳐다봤다. 몇 년 안에 나도 저렇게 클 수 있지 않을까? 기대와 달리 내 몸은 그 뒤로 전혀 '성장하지' 않았다.

고등학교 2학년 2학기 때 나는 한 남자 고등학교 축제에 갔다가 J를 만났다. 큰 키에 까무잡잡한 J는 말을 잘했고 일단 웃겼다. 몇 차례 연락을 주고받은 끝에 우리는 3학년이 되던 해 봄부터 사귀기 시작했다. J는 아침마다 찬물로 샤워를 하면서 자신의 '고추'를 단련시킨다는 사실을 내게 자랑할 만큼 성에 관심이 많았다. 소위 학교에서 잘나가는 애들과 친구였고, 다른 학교 잘나가는 여자애들과도 연애한 경험이 많은 것 같았다. 나 또한 성에 대해 관심이 많을 때였다. 문창과라는 과 특성상 소설을 많이 읽었고 소설엔 성애 묘사가 많았다. 특히 무라카미 하루키의 《상실의 시대》가 인상적이었다. 책에서 여성 성기를 '바기니'라고 불렀는데 그 명칭에 매료되어 교실에서 아이들은 노래를 부르듯 "바기니, 바기니" 하면서 돌아다녔다. 아주 나중에야 그 말이 영어 'vagina'를 일본식으로 표기한 것이란 사실을 알게 되었다.

나의 성 경험은 소설을 보면서 성애를 탐구하고 간접 경험을 하는 것이 전부였다. 어려서부터 엄격한 기독교 집안에서 자라 교회에서 지식의 절반을 체득한 나는 혼전순결을 지켜야 한다는 강박과 넘쳐

오르는 성에 대한 호기심 사이에서 늘 갈등했다. J는 사랑스러웠고 단 한번도 자신의 욕구를 숨기지 않았다. 우리는 두 번째 만났을 때 키스를 했고, J는 교복 속에 감춰져 있던 내 브래지어 끈을 뜯을 듯이 잡아당겨 가슴을 만지기 시작했다. 키스가 끝난 뒤 J가 말했다.

"생각보다 작네."

첫 키스의 날카로운 추억. 그것은 내 가슴 크기를 보고 실망하던 열여덟 살 소년의 얼굴로 남아 있다. 그땐 그런 말이 '인신공격'이란 걸 상상조차 하지 못했다. 아무리 어리고 연인 사이더라도 한 인간이 한 인간에게 그런 식의 평가를 내려선 안 된다는 사실을 자각조차 못했다. 내게 J는 특별했다. J는 내가 소설을 쓰는 사람이라 더 좋아했다. 내가 이야기에 대해 말할 때, 귀담아들었다. 나를 이해하는 것 같았다. 그렇지만 있는 그대로의 내 몸을 사랑한 적은 없었다.

"조금만 더 컸으면 좋았을 텐데, 이만큼."

J는 자기 손을 동그랗게 모아 내 가슴 위에 얹어 보이면서 이 정도만 컸어도 좋았을 거란 말을 습관적으로 했다. 그때마다 나는 미안해졌다. J가 원하는 걸 못 주는 것 같아 불안했다. 엄마가 가끔 쓰는 실제 실리콘 재질의 '뽕'을 브래지어에 넣고 가슴골이 깊게 파인 티셔츠를 입고 도서관에 간 날, 다른 학교에 다니는 여자애들이 그 학교에 다니던 내 친구에게 하는 말을 들었다.

"와, 네 친구 가슴 열라 크네."

그때 느꼈던 일말의 우쭐함을 기억한다. 하지만 정작 J를 만날 때는 그 뽕을 사용하지 못했다. 허탈감을 안겨 주고 싶지 않았다. 보상

심리 때문일까. 나는 교복 입을 때도 그 뽕을 종종 사용했다. 뽕을 넣고 하복 블라우스를 입으면 가슴 쪽이 팽팽해져 단추들이 뜯어져 나갈 듯했다.

대한민국의 험난한 입시 과정을 거치면서도 우리는 도서관 화장실, 아파트 복도, 어쩌다 돈이 생기는 날은 DVD방에서 서로를 물고 빨았다. 하지만 J가 내 가슴을 만질 때면 그 순간을 즐기기는커녕 움츠러들고 부끄러워졌다. 여름이 지나갈 무렵 나는 특기자 전형으로 원하던 대학에 붙었다. 그 뒤로 우리 사이는 삐걱거리기 시작했다. 봄과 여름 사이 오직 10대 연인들만 나누고 경험할 수 있는 사랑의 시간이 지나갔다. 이후 열매로 맺어지기를 간절히 바랐지만 결국 우리는 가을이 오기 전 헤어지고 말았다. 대학에 들어간 나는 캠퍼스의 넘쳐 나는 싱그러움을 모두 욕하고 경멸할 정도로 혹독한 이별 후유증을 치렀다.

사이가 삐걱대기 시작할 무렵 우리는 자주 DVD방에 갔다. 영화를 보거나 산책을 하거나 맛집을 찾아 나서는 데이트가 오히려 사치스럽게 느껴졌다. 내 주관적인 해석일 수 있지만 J가 더는 그런 데이트를 원하지 않는 것 같았다. DVD방에서 내용을 알 수 없는 영화를 틀어 놓고 J는 삽입섹스를 하고 싶어 했다. 나는 그때까지 삽입은 죽어도 안 된다는 주의였지만 그때는 대학 입시로 힘들어하는 J에게 어떻게든 힘을 주고 싶었다. 위태로운 관계마저 끝이 날 것 같은 시기였다. 나는 큰 희생을 치르는 마음으로 '시도나 한번 해 보자'고 다짐했다. J는 자기 성기를 어디로 넣어야 할지 잘 몰랐고 나도 그게 어디로 들어가는지 알지 못했다. 어색한 움직임과 당황스러운 실패가 수차례 지나고 마침내 J가 포기한 듯 말했다.

"네가 존나 긴장하니까 안 들어가잖아."

처음으로 내 발가벗은 몸을 보여 주고, 나조차 만지기를 두려워하던 곳을 만지고 빨게 해 준 사람이 J였던 탓일까. 나는 내 몸에 대한 J의 평가와 반응을 꽤 오랫동안 기억했다. 그리고 그 평가를 그대로 받아들였다. 그 탓에 이후 이어진 수많은 연애와 섹스에서 나는 내 몸을 신뢰하지 않게 되었다. 술자리나 모임에서 심심찮게 오가는 몸매 품평이 있을 때 '큰 가슴' 이야기만 나오면 나도 모르게 위축됐다. 마치 그게 내 잘못인 것처럼, 마치 내가 모자라서 생긴 일처럼. 원하는 사람과 만나지 못할 때, 짝사랑에 지칠 무렵 나는 늘 생각했다. 나를 봐 주지 않는 저 남자를 품에 안고 가슴으로 눌러 질식사시켜 버릴 수 있을 만큼 내 가슴이 크면 얼,마,나,좋,을,까.

생리 공감

가슴 크림이 해결해 주지 못한 것

✚

모든 문제를 J 탓으로 돌리고 싶진 않다. 어쩌면 J도 여자는 가슴이 커야 좋다는 풍문을 듣고 내면에 존재하지 않던 욕망을 키우게 된 것인지 모른다. 우리는 어느 순간부터 끊임없이 가슴 큰 여자를 찬양하는 문화 속에 살게 된다. 방송이나 영화에서도 흔히 볼 수 있다. 포털에 〈모 연예인 터질 듯한 가슴〉 같은 제목을 단 기사가 버젓이 떠 있다. 여자 연예인의 가슴을 적나라하게 드러낸 이미지와 함께. 우리 동네 마을버스 안에는 한 광고가 붙어 있는데, 깊게 파인 옷을 입은 여성의 가슴골에서 광채가 흘러나오는 효과를 준 것이었다. 가슴 성형 수술 광고다.

가슴 수술에 대한 소문은 많았다. 희한한 것은 늘 작은 가슴에 불만을 갖고 있었으면서도 수술을 받아야겠다고 생각한 적은 없다는 것이다. 하지만 몸 전체는 말랐는데 가슴이 큰 여자들을 보면 '분명 수술한 가슴일 것'이라는 의심을 떨치지 못했다. 한 사람의 신체를 보며 성형이다, 아니다를 논하거나 판단하는 것 또한 부당한 비난과 폭력이라는 걸 그때는 몰랐다.

내가 생리에 관한 다큐멘터리를 만들고 몸에 대해 이야기하기 때문에 사람들은 내가 일찍이 그런 문제에 관심이 많았고 기존의 사회가 만들어 놓은 아름다운 육체나 미의 기준에서 자유로우리라 생각하는 경우가 있지만 오히려 정반대다. 나는 화장을 잘하거나 옷을 잘 입진 못했지만 언제나 '남들보다' 예뻐지고 싶다는 욕망에 시달렸다. 오히려 그렇게 나를 꾸밀 만한 재주가 없기 때문에 더 오락가락하며 갈등했던 것 같다. 중학교 3학년 때 나는 여자의 눈썹에 꽂혔다. 적당히 두껍고 아름답게 포물선을 그린, 앞쪽은 두껍고 뒤로 갈수록 가늘어지는 눈썹이 예뻐 보였다. 텔레비전에 나온 배우들을 볼 때는 물론이거니와 지하철이나 버스에서 우연히 마주친 여자들 얼굴에서도 눈썹만 보이기 시작했다. 그리고 마침내 결단을 내린 뒤 엄마 화장대 서랍에서 눈썹 깎는 칼을 꺼내 오른쪽부터 다듬기 시작했다. 그러다 눈썹이 뭉텅이로 잘려 나가 15년이 지난 지금도 그 자리가 휑하다.

작은 가슴에 주눅 들다

3년 전 나는 처음으로 '가슴 크림'을 샀다. 매일 아침저녁으로 가슴 주변에 크림을 바르고 15분간 마사지를 해 주면 가슴이 최대 두 컵까지 커진다는 크림이었다. 가격은 싸지 않았다. 비정규직으로 최저임금을 받던 나에게는 결코 적지 않은 금액이었지만, 나는 두 통을

생리 공감

샀다. 두 통은 써야 한 컵 정도는 나온다는 후기들 때문이었다. 열심히 마사지를 했다. 먹지 말라는 커피도 줄이고 잠도 일찍 자려고 노력했다. 2주 정도 지났을까. 가슴이 커지는 대신 유두 주변에 뾰루지 같은 것이 올라오기 시작했다. 피부가 유분을 너무 많이 섭취한 것 같았다. 그래도 돈이 아깝고 혹시나 하는 마음에 일주일을 더 사용했다. 그러다 문득 나중에 아이한테 모유 수유 할 때 안 좋은 영향을 끼치면 어떡하나 하는 생각이 들었다. 아직 낳지도 않은, 낳을 계획도 없었던 아이 생각에 순간 모든 것이 무서워졌다. 그렇게 나는 가슴 크림을 중단했다. 남은 크림은 아까워 팔이나 다리, 발에 발랐다. 후기에서 봤던 수많은 여성의 '커져 버린' 가슴. 나는 애초에 갖고 있어야 할 것을 갖지 못한 패배감에 휩싸인 채 가슴 키우는 노력을 중단했다.

크거나 작거나. 크기는 비교의 대상이다. 큰 것이 좋은 것으로 받아들여지는 사회에서 작은 것은 좋지 않은 것이 된다. 나는 타고난 작은 가슴을 좋지 않은 것이라 여겼다. 누구는 가슴이 크고 누구는 작아야 하는 사실이 불공평하게 여겨졌다. 그러면서 나보다 가슴이 큰 여성들을 질투하고 때론 의심했다.

가슴 크림 판매 사이트에는 다양한 후기가 올라왔다. 유두를 스티커나 패드로 가린 실제 여성들의 가슴 사진이 올라왔다. 사연도 다양했다. 살이 한꺼번에 너무 많이 빠지는 바람에 가슴도 덩달아 작아져서 고민이다, 출산 이후 가슴이 급격히 줄어들어 남편 앞에서 옷을 벗기가 창피하다, 여름에 비키니를 입을 건데 가슴이 너무 작아서 걱정이다, 어려서부터 껌딱지 가슴이라 남자친구와 관계 시 자신감이 없다 등등. 후기를 보면서도 나는 끊임없이 얼굴을 가린 사진 속 여자들의 가슴과 내 가슴을 비교했다. 우와, 내 가슴보다 더 작잖아! 나보다 작은 가슴을 보았을 땐 일말의 반가움마저 들었다. 오직 남과 나를 '비교'하면서만 느낄 수 있는 우월감이었다.

삭제되었던 여성들의 삶을 보여 준, 〈오렌지 이즈 더 뉴 블랙〉

2015년 〈오렌지 이즈 더 뉴 블랙Orange Is the New Black〉(이하 오렌지)이라는 기념비적인 드라마가 세상에 등장한다. 〈오렌지〉의 작가이자 프로듀서인 젠지 코핸을 비롯한 여성 작가, 감독들이 제작한 넥플릭스 오리지널 시리즈로, 케빈 스페이시 주연의 〈하우스 오브 카드〉와 함께 넥플릭스의 위상을 높인 작품이다.

실화에 바탕을 둔 이 드라마 배경은 뉴욕 연방 여자교도소다. 이제 막 교도소에 들어온 파이퍼라는 인물을 통해 여자 교도소의 생태계를 보여 주는 한편, 다양한 인종과 계층의 여성들 삶을 그려 낸다. 이 드라마는 여러 가지 의미에서 이전의 방송들이 하지 못했던 일들을 해냈다. 먼저 이곳엔 남성이 없다. 남자들은 주인공의 주변부 인물로만 존재한다. 모든 주인공이 여자다. 그렇다고 해서 한 명의 '신데렐라 주인공'에게만 이야기가 집중되지도 않는다. 교도소를 집으

다양한 여자가 주인공으로 등장하는 드라마 〈오렌지 이즈 더 뉴 블랙〉.

로 삼고 살아가는 백인, 흑인, 동양인, 라틴계 여성 각자의 삶에 주목한다. 그들이 교도소로 들어오고 세상이 그들을 '죄인'으로 만든 과정을 보면, 여자라서 겪는 사회적 부조리를 보지 않을 수가 없다. 그렇다고 해서 여자들이 영웅적으로 그려지지도 않는다. 때로 그들은 비열하고, 서로를 이유 없이 괴롭히며 비참한 상황으로 몰고 간다. 사랑을 저버리기도 하고(레즈비언 간의 사랑), 다시 사랑을 갈구하기도 한다. 고등교육을 받은 자신이 더 나은 계층이라고 착각해 무심코 폭력을 휘두르고 그것이 부메랑처럼 자신에게 돌아오는 상황에 처하기도 한다.

〈오렌지〉는 실제 파이퍼라는 여성이 마약사범으로 교도소에 들어가 겪은 일을 자전적으로 쓴 에세이가 토대다. 원작은 읽지 못했지만 나는 〈오렌지〉가 이 시대 문학이 했어야 할 일을 해냈다고 생각한다. 당대의 수많은 사회적 부조리 때문에 불행한 처지에 놓였지만 기록되지 못한 사람들의 삶을 고스란히 그려 냈기 때문이다. 한편, 다소 우울하고 어두울 수 있는 이야기를 모두 보고 공감할 만한 이야기로 그려 낸 것도 이 드라마의 성공 요인이라고 본다. 작품 검색을 해 보면 〈오렌지〉는 '코미디' 장르로 분류된다. 계속 킥킥대면서 웃을 수밖에 없는 장면이 자주 나온다. 우연인지 모르겠지만 〈오렌지〉 성공 이후 미국에서 여성이 주인공인 콘텐츠가 쏟아져 나오기 시작했다.

여성들로만 이루어진 세계에 대한 이야기가 나오자, 현실에서 여성들이 실제 겪는 문제도 드라마 소재로 쓰이기 시작했다. 2016년 미국에서는 탐폰에 부가가치세를 매기는 '탐폰 택스'를 폐지하라는 여성들의 목소리가 그 어느 때보다 드높았다. 저소득층 여성들이 생리 때 탐폰 살 돈이 없어 직장이나 학교에 가지 못한다는 뉴스도 나와 사람들에게 큰 충격을 안겼다. 얼마 후 〈오렌지〉 시즌 4가 시작되었고, 에피소드 중 하나로 탐폰 대란을 다루었다. 교도소 안에서 탐폰은 거의 현금처럼 사용됐다. 여성들은 소중한 식량과 탐폰을 맞바꾸었고 더러 남의 탐폰을 훔치기도 한다. 실제로 미국 내 여자교도소에서 탐폰이 심각한 문제로 떠올라 2016년 6월 뉴욕시는 시에서 운영하는 교도소에 무상으로 생리용품을 공급하는 법안을 통과시켰다.

〈오렌지〉에서 다룬 기념비적인 에피소드는 셀 수 없이 많지만, 여전히 나는 주인공 파이퍼가 처음 교도소에 들어가 겪는 일이 중심인 시즌 1을 가장 좋아한다. 극 초반에 파이퍼가 샤워를 마치고 나오는 장면이 있다. 교도소 내 모두가 함께 쓰는 샤워실이어서 수건으로 몸을 가린 여성, 가리지 않은 여성이 반반 정도 섞여 나오는 장면이었던 것 같다. 파이퍼가 샤워 칸막이 밖으로 나오자 밖에서 차례를 기다리던 여성이 파이퍼를 향해 말한다.

"귀엽고 예쁜 가슴이네."

크기만 놓고 말하자면 파이퍼의 가슴은 작았다. 그 장면을 보는 순간 나는 본능적으로 이런 생각을 했다.

'가슴이 작네.'

부끄럽지만, 솔직히 그땐 그랬다. 여배우가 TV드라마에서 작은 가슴을 스스럼없이 드러내는 데 충격을 받았다. 그리고 다른 여성이 파이퍼 가슴을 "귀엽고 예쁜 가슴"이라고 해서 한번 더 놀랐다. 실제 파이퍼의 가슴은 귀엽고 예뻤다.

이 드라마에는 레즈비언 여성이 다수 등장한다. 재미있는 것은 그들을 통해(이 드라마에서 레즈비언은 더는 소수자가 아니다.) 남성의 시각과 잣대가 아닌, 여성의 시각에서 여성의 몸을 처음으로 볼 수 있었다는 것이다. 이것은 시사하는 바가 크다. 그때까지 나는 단 한번도 여성의 시각에서 여성의 몸을 바라본 이야기를 접하지 못했다. 여성 작가나 여성 연출가가 만든 작품을 볼 때도 어딘지 모르게 남성의 시각으로 여성의 몸을 재단하는 듯한 느낌을 받곤 했다. 언제나 미디어의 기준에서 예쁘고 아름다운 여성들만 등장했기 때문이다. 그것은 이미 우리가 보고 향유하고 재해석한 수많은 작품이 남성에 의해 만들어졌기 때문인지 모른다. 나 역시 거기서 자유롭지 못했다. 남성 시각의 미적 기준이 머릿속에 깊이 뿌리내렸기 때문일까? 아니면 내가 속한 한국이라는 사회에서 여성의 몸은 여전히 정형화된 미를 추구하기 때문일까? 〈오렌지〉는 내게 새로운 시선을 선사했다. **작은 가슴도 예쁠 수 있다.** 사실 예쁜 건 너무도 주관적인 감각이고 인간은 저마다 고유한 미적 관점을 가질 수밖에 없다! 내 가슴은 이 단순하고도 명확한 깨달음에 몸서리쳤지만, 여전히 내 몸을 바라보는 내 시선으로부터는 자유로워질 수 없었다. 내 몸이 여전히 마음에 들지 않았고 예쁘지 않았다. 내 눈과 뇌는 이 새로운 깨달음에 격렬하게 저항했다.

엠버의 유쾌한 전복

2017년 10월, 걸그룹 fx의 멤버 엠버가 만든 유튜브 영상이 화제가 됐다. 〈내 가슴은 어디에 있나요? Where is my chest?〉라는 제목의 이 영상에서 엠버는 '사라져 버린' 자신의 가슴을 찾아 나선다. 많은 아이돌 중 내게 엠버는 특별했다. 다른 걸그룹 멤버들과 헤어스타일, 의상, 말하는 톤까지 구별된다. 걸그룹 생태를 잘 모르지만 나는 엠버가 그런 스탠스를 취하는 것이 영리하다고 생각했다. 자신의 고유한 특성을 유지하면서 수많은 걸그룹 사이에서 눈에 띄는 독특한 개성까지 획득했으니까. 단 한번도 누군가 엠버를 향해 여자답지 않다, fx에 어울리지 않는다, 머리를 짧게 자르는 것이 이해가 되지 않는다, '가슴'이 없는 것 같다는 말을 하리라곤 생각지 못했다.

이 영상에서 엠버는 '왜 엠버는 가슴이 없느냐'는 악플을 읽고 친구 브라이스와 함께 사라져 버린 가슴을 찾아 나선다. 엠버 자신도 자기 가슴을 본 지 오래되었다는 것이다. 그들은 마을을 배회하면서 길거리에 있는 아저씨에게 가슴을 봤냐고 묻기도 하고 풀숲을 뒤지기도 한다. 브라이스는 어디서 앙상한 가지를 주워 와 "이게 혹시 네 가슴이냐"며 엠버에게 묻는다. 하루 종일 동네를 쏘다니면서 가슴을 찾던 엠버는 카메라를 향해 자신에게 쏟아졌던 악플들을 하나씩 읽어 준다.

〈피의 연대기〉를 만들고 나서 여러 번 인터뷰를 했다. 한번은 〈중앙일보〉 청소년 매체인 〈TONG〉의 청소년 기자를 만났다. 오소영 기자가 나를 이런저런 자리에 앉혀 사진을 직접 찍었고, 나는 그 기자와 그 어느 때보다 허심탄회하게 긴 이야기를 나누었다. 보통 기자들은 내가 한 말을 좀 더 유려하게 편집하거나 축약하는데 오 기자는 내가 한 말을 거의 다 살려 주었다. 기사가 뜨고 며칠 뒤 인터넷에서 기사를 접하고 쭉 읽어 내려갔다. 기사 안에 삽입된 내 사진을 보니 괜히 부끄럽고 겸연쩍었지만 머리도 감지 못하고 나가 찍힌 사진치고는 잘 나왔다며 내심 흐뭇해했다. 문제는 댓글이었다. 생리충, 너희들은 만날 다 공짜로 달라고 하지 등등. 그동안 달린 댓글과 크게 다르지 않았다. 그런데 그중 한 댓글이 눈에 들어왔다.

'오스트랄로피테쿠스같이 생긴 년이 뭐라는 거야.'

처음에는 웃음이 나왔다. 오스트랄로피테쿠스같이 생긴 년이라니. 댓글을 본 뒤 사진을 다시 봤다. 원래도 두꺼운 입술이 사진에서는 더 두껍게 보이는 것 같았다. 뭉툭한 코와 발달된 하관 때문인지 유인원 같은 인상을 주는 것 같았다. 유인원이 나쁜 건가? 아니다. 나는 내 얼굴에서 두꺼운 입술을 좋아하기도 했다. 하지만 일면식도 없이 아이디로만 존재하는 사람이 남긴 댓글이 내 일상을 어지럽히기 시작했다. 이상할 정도로 우울한 감정이 하루 종일 나를 떠나지 않았다. 내가 사랑하는 사람이 한 말이 아니다. 내가 신경 쓰는 사람이 한 말도 아니다. 그때 알았다. 사람이 당하는 공격 중에서 가장 나쁜 게 인신공격이라는 걸. 왜냐하면 어떤 인간(나)은 몸에 대한 콤플렉스로 가득 차 있기 때문이다.

엠버는 나에 비하면 비교도 안 될 만큼 많은 악플을 감당했다. 헤어스타일, 문신, 가슴에 이르기까지 혐오의 대상이 되지 않은 것이 없었다. 분명 영상에 소개한 것이 전부는 아니었을 것이다. 그러나 그녀는 기가 막히게 유쾌한 방식으로 혐오 댓글을 전복시켰다. 그리고 그 영상에서 나는 새로운 엔터테이너를 발견했다. 단지, 가슴이 작은 걸 가지고 놀리는 건 나쁜 거라고 말하는 것이 아니라 그런 걸로 악플을 다는 게 얼마나 바보 같은 짓인지를 유머러스하고 짜임새 있는 이야기로 보여 주었기 때문이다.

생리 공감

과거의 나와 결별하는 일

✚

엠버는 엔터테이너로서 재능을 살려 자기 몸에 가해진 공격을 유쾌하게 반격했다. 〈오렌지〉 제작자들은 새로운 방식으로 여성들을 보여 주고, 그녀들만의 언어도 찾아냈다.

내 마음에 변화가 일기 시작한 건 1년 6개월 전쯤 같다. 본격적으로 생리와 여성에 관해 취재하고 공부하면서 다양한 여성을 만나 이야기를 나누었다. 그 무렵 한국과 서구에서 페미니즘이 부활하면서 그동안 묻혀 있던 수많은 여성의 목소리도 발화되었다. 〈오렌지〉를 비롯해 〈언브레이커블 키미 슈미트Unbreakable Kimmy Schmidt〉, 〈그레이스 앤 프랭키Grace and Frankie〉, 〈제인 더 버진Jane the Virgin〉처럼 기존 드라마에서는 볼 수 없던 독창적인 여성 캐릭터가 등장하는 드라마를 '몰아서' 본 시기이기도 하다.

'개성 있는' 가슴

영화를 시작한 지 1년이 지났을 무렵이었다. 나는 평소처럼 샤워를 한 뒤 세면대 앞에서 물기를 닦고 있었다. 그러다 문득 거울에 비친 내 몸을 바라보았다. 그날 나는 무언가 달라진 것을 알아차렸다. 가슴은 여전히 작았다. 영화를 만들고 편집을 하면서 스트레스를 받아선지 더 작아 보였다. 그런데 나쁘지 않았다. 심지어 **'개성 있어 보였다.'**

순간 내 눈을 의심했다. 머리를 말리던 수건을 던져 놓고 다시 거울을 봤다. 나쁘지 않은데? 나같이 왜소한 몸엔 딱 저 정도가 맞지 않나? 처음 그런 생각이 들었다. 더 큰 가슴이 내 몸에 어울릴까? 상상이 되지 않았다. 조금만 더 컸으면 좋았을 텐데, J가 했던 말이 생각났다. 모든 의심이 사라진 것은 아니었다. 조금 더 커도 나쁘지 않지. 작은 가슴도 나쁘지 않다는 생각과 이왕이면 조금 더 컸으면 좋겠다는 생각이 동시에 들었다.

물기를 다 닦은 후 방으로 왔다. 서랍에서 와이어가 없는 브래지어를 꺼내 입고 거울 앞에 섰다. 속옷 광고에서처럼 아름다운 가슴골은 없었다. 납작한 가슴이 브래지어 너머에 작게 존재할 뿐이었다. 그렇지만 이전 같은 상실감은 없었다. 몸 전체에서 작은 가슴이 안정감을 주는 듯했고, 그것이 마치 진화론적으로 내 몸이 나를 위해 선택한 최선의 것처럼 보였다.

그 무렵, 트위터에서 생리컵 관련 정보 글을 찾다가 흥미로운 트위터를 발견했다. '미녀정신과의사'라는 분이 올린 글을 리트윗한 것이었다. 정확한 워딩은 기억나지 않지만 이런 내용이었다. '생리컵을 사용하면 자기 몸을 제어할 수 있다는 느낌이 강해진다.' 그 말에 문득, 내 몸을 바라보는 시각이 생리컵을 사용하면서 변한 것은 아닐까 하는 생각이 들었다. 생리컵을 10년 넘게 써 왔다는 정신과 의사. 그 사람을 섭외해야만 했다.

그렇게 안주연 선생님을 만났다. 무시무시하게 추웠던 2017년 1월 어느 날 안 선생님이 운영하는 의원 '마인드맨션'을 찾았다. 선생님의 개인 경험에서부터 인터뷰를 시작했다. 선생님은 양이 많은 편이었다. 고등학교 때 조심한다고 해도 늘 생리가 샜다. 의대에 들어가기 전까지는 일회용 생리대를 썼지만 인턴 시절 수술실에 들어가면 몇 시간씩 생리대를 갈 수 없어 많은 양을 감당할 수 없었다. 그때 처음 탐폰의 존재를 알았다. 신세계를 경험한 기분이었다. 그러다 10년 전 인터넷을 통해 처음으로 문컵을 구입했다. 그때 산 것을 여전히 쓰고 있다. 10년쯤 써선지 원래는 투명한 색인데, 옅은 주황색으로 핏물이 들어 있었다. 낡은 파우치에 든 그 컵이 선생님의 오랜 친구 같아 보였다.

선생님은 말했다. 생리 주기를 어떻게 경험하느냐에 따라 질과 자기 몸에 대한 감각이 달라질 수 있다고. 어려서부터 탐폰이나 생리컵을 써 본 여성들은 자기 질에 대해 좀 더 일찍부터 알게 된다. 질 내부의 공간감이나 탄력성은 물론 어디에 구멍이 있고 탐폰이나 컵이 얼마나 깊이 들어가는지를 경험해 볼 수 있기 때문이다. 무엇보다 좋은 건 이런 도구들을 사용함으로써 성경험을 하기 전에 자신의 질과 친해질 수 있다는 것이다. 이것은 자신이 자기 몸을 마음껏 만지고 제어할 수 있다는 것을 의미한다. 자기 몸을 자유자재로 사용할 수 있게 되는 것이다.

인터뷰가 끝난 뒤 나는 본격적인 상담을 시작했다. 먼저 가슴 이야기를 꺼냈다. 사실 제가 어려서부터 가슴이 워낙 작아 스트레스가 심했어요. 심지어 만나는 남자한테 가슴을 보여 주는 게 미안할 정도로요…. 그랬다. 부끄러운 이야기지만 나는 내 가슴을 상대에게 보일 때 종종 미안하다고 말했다. 너무 콤플렉스가 심한 거 아니냐고 묻는 사람도 있었다. 그렇다. 누구에게나 지나치게 신경이 쓰이고 콤플렉스로 느껴지는 부분이 있다. 선생님은 내 말을 가만히 들었고, 나는 말을 이어 갔다.

"그런데 어느 날 샤워를 하고 나왔는데, 거울이 비친 제 가슴이 그렇게 싫지는 않은 거예요. 가슴은 여전히 작았거든요. 문득 어? 개성 있어 보이는데? 이런 생각이 들면서… 귀엽다고 해야 할까, 예뻐 보인다고 해야 할까."

말을 하면서도 쑥스러워 웃음이 나왔다. 생리컵과는 별로 상관없는 얘기였기 때문이다. 선생님은 그럴 수 있다며 고개를 끄덕였다. 아마 생리컵을 쓰면서 자기 몸과 친해져 남의 시선으로만 바라보던 몸을 본인의 시각으로 보게 된 것일지 모른다고 했다. 더불어 자신의 몸을 제어할 수 있다는 사실을 알게 되어 몸에 자신감이 생긴 것일 수도 있다고 했다. 생리컵을 쓰면 질 안으로 손가락을 넣어야 한다.

생리 공감

컵이 제대로 자리 잡게 하기 위해 가끔은 스쿼트 자세를 취하거나 손가락을 집어넣어 컵을 흔드는 방식으로 질을 '조절'해야 한다.

생리컵을 관리하는 것은 또 다른 차원의 일이다. 일회용 생리대나 탐폰은 쓰고 버리면 되지만 컵은 관리를 해 줘야 한다. 내 경우 생리가 끝나면 끓는 물에 베이킹소다를 한 수저 풀고 컵을 삶는다. 다른 세제나 비누는 사용하지 않는다. 깨끗하게 소독한 생리컵은 파우치에 넣어 보관했다가 생리가 시작되면 그냥 따뜻한 물에 씻어 사용한다. 이렇게 생리컵을 관리하다 보면 마치 열심히 이를 닦거나 치실을 사용하는 것처럼 내 질을 관리한다는 생각이 들었다. 내 질에 들어갔다 나오는 것이니 더 깨끗하고 안전하게 관리하고 싶은 거다. 결국 내 몸에 무언가를 넣고 뺄지 결정하는 것도 나고, 그 물건을 어떻게 관리할지 결정하는 것도 나라는 사실을 알았다. 이 모든 과정이 실은 내 가슴을 바라보고 받아들이는 내 눈과 마음에도 영향을 끼쳤던 것이다.

나일 때 자연스럽다

모든 문제가 한번에 해결되지는 않는다. 생리컵이 만병통치약인 것도 아니다. 이 글을 쓰는 지금도 여전히 내 가슴보다 큰 가슴을 갖고 싶을 때가 있다. 이전과 달라진 점이 있다면 그런 생각이 들 때마다 내 생각을 경계한다는 것이다. 맛은 좋지만 몸에는 좋지 않은 음식을 멀리해야 할 때의 내적 갈등과도 같다. 내 몸을 남과 비교하고, 내가 타고나지 않은 것을 원할 때마다 내 몸은 자신감을 잃어 간다. 내 정서는 위축된다. 그건 내 몸에 좋지 않다. 마음에도 좋지 않다. 작은 가슴보다, 작은 가슴을 싫어하고 더 큰 것을 바라는 욕망이 내 몸과 마음에 끼치는 해악이 더 크다는 걸 알게 된 것이다.

자기 몸을 있는 그대로 받아들이고 사랑하라는 말은 남루하고 고루한 격언처럼 느껴진다. 이 말이 와 닿지 않는 이유는 사랑하라고만 가르쳤지, 사랑 이후에 무엇을 얻게 되는지에 대해서는 말하고 있지 않기 때문이다. 나는 여전히 이전의 나와 결별하기 위해 고군분투하는 과정에 있지만 작게나마 이미 보상은 받았다.

캡이나 와이어가 없는 브라렛bralette을 입기 시작한 지 6개월이 조금 넘었다. 브라렛엔 가슴을 옥죄고 컵을 크게 보이려는 인위적인 장치가 없어 하루 종일 착용해도 편안하다. 이전에는 밥을 먹고 속이 불편할 때 브래지어 후크를 풀면 갑자기 속이 뻥 뚫리는 경험을 했다. 가슴을 크게 보이려고 가슴을 압박하는 형태의 브래지어를 즐겨 착용했기 때문이다. 요즘은 브라렛도 안 할 때가 있다. 여름에 펑퍼짐한 원피스를 입거나 겨울에 옷을 껴입으면 안 한다. 브래지어를 하지 않는 것은 작은 가슴을 가진 여성들만 누릴 수 있는 축복이다! 브래지어를 안 하고 평소처럼 옷을 차려입고 약속 장소에 나갈 때 얼마나 날아갈 것 같은지 경험해 보지 않은 사람은 모르리라.

여자들을 보는 내 시선도 달라졌다. 여전히 어떤 여자는 예뻐 보인다. 하지만 전처럼 내가 가진 것과 다른 사람이 가진 것을 비교해서 무엇이 더 좋고 나쁜지 재는 짓은 하지 않게 되었다. 가슴 크림 후기에서 나보다 가슴이 작은 여자의 사진을 보고 일말의 위안을 느꼈던 것이 얼마나 바보 같고 나쁜 짓이었는지 이제는 안다. 크고 풍만한 가슴을 보았을 때 타고난 것인지 아닌지 구별하려 애쓰던 짓도 남성들의 언어와 욕망이 내면화된 탓이란 사실도 이제는 안다. 그럴 때의 나는 〈피의 연대기〉를 '남자들이 불편해할 것 같다'고 말한 그 여자 감독과 다를 바가 없는 것이다. 이제 나는 여성들의 개성을 본다. 개성은 좋다 안 좋다, 예쁘다 아니다로 구별 지을 수 없다. 그 사람이 가진 고유한 특성이기 때문이다.

가장 궁극적인 보상은 관계를 통해서 왔다. 이전까지 나는 연애할 때 자신을 그대로 드러내지 못했다. 왜 그런지 몰라도 늘 자신이 없었다. 가족이나 친구들한테 보여 주던 자연스러운 모습을 남자친구 앞에서는 드러내기 어려웠다. 나만 재미있어 하는 이상한 농담을 한다든가, 느닷없이 멋대로 노래를 부르면서 춤을 춘다든가 하는 가장 편안할 때의 내 모습을 그들에게는 보여 주지 못했다. 약한 모습을 드러내고, 여자답지 못한 모습을 들키면 다른 여자에게로 갈까 봐 두려웠다. 지저분한 모습을 보이거나 더 많은 것을 요구하거나 감정이 상할 때 표현을 하면 나를 떠날까 봐 두려웠다. 무엇보다 내 몸은 완벽하지 않기 때문에, 내 얼굴은 어딘가 모르게 비대칭으로 보이기 때문에, 내 턱은 너무 뾰족하게 튀어나왔기 때문에, 내 다리는 오 자형으로 휘어 있기 때문에 그들이 나를 더는 사랑하지 않게 될까 봐 두려웠다.

내가 흘리는 피를 공부하면서부터, 나처럼 피를 흘려 온 여성들의 역사를 추적하게 되면서부터, 생리컵을 쓰면서 내 질을 자유자재로 만질 수 있게 되면서부터, 스테레오타입에서 벗어난 여성들의 목소리로 가득 찬 드라마를 보기 시작하면서부터, 아니면 그 모든 순간이 모여 점진적으로 나란 한 인간이 변하기 시작한 어느 순간부터 나는 남자친구 앞에서도 춤을 추고 노래를 부르기 시작했다. 모르는 사람이 보면 이상하리만치 실력 없는 춤이지만 내 안에서 흘러나오는 흥을 더는 감출 수 없게 된 것이다. 표정도 풍부해졌다. 우스꽝스러운 표정을 짓거나, 아무 이유 없이 째려보거나, 웃고 싶은 만큼 실컷 웃어 젖히는 일이 많아졌다. 그럴수록 남자친구와 가까워졌다. 하고 싶은 말을 할 수 있게 됐다. 감정에 상처를 입었을 때 "지금 그 말에 상처받았어"라고 바로 말할 수 있게 되었다. 예뻐 보이기 위해 노력하지 않아도 되었다. 꾸미지 않아도 되었다. 내가 나를 있는 그대로 받아들이자 상대도 나를 있는 그대로 받아들이는 길이 열렸다. 생리컵에서 가슴으로, 가슴에서 춤으로, 춤에서 연인으로. 도저히 이어질 수 없을 것 같은 사건이 연이어 다른 사건으로 이어지며 마침내 나는, 자기 몸을 지독히 혐오했던 나 자신과 결별했다.

새로운 서사가 필요하다

✚

나는 운이 좋았다. 한국에서 페미니즘이 부흥할 무렵에 다큐멘터리를 찍기 시작해 좋은 자극을 주는 책과 사람들을 만날 수 있었기 때문이다. 한 사람이 오래된 껍질을 깨고 나오려면 수많은 외부 마찰이 필요하다. 나는 그 마찰을 영화를 만드는 내내 자연스럽게 겪었다. 하지만 일상 속에서 여성들은 여전히 사회 곳곳에 뿌리내린 통념에 종속된 채 살아간다. "그거 잘못된 거야!"라고 누구도 말해 주지 않는 곳에서. 페미니즘 부흥 덕에 여성들의 목소리가 커졌다고 생각하지만 그런데도 의외로 세상은 변하지 않았다. 몰카 금지법이나 디지털 성범죄 금지 법안들이 통과될 예정이라고 하지만, 여성의 몸을 제멋대로 재단하는 '문화'는 그렇게 쉽게 바뀌지 않는다. 동네 마을버스 안에까지 가슴 성형수술 광고가 붙어 있는 사회다. 남자들은 말한다. "우리도 여자만큼 외모에 신경 쓰여!" 거리로 나가 보자. 남성용 성형수술 광고는 거의 보이지 않는다. 방송에 출연한 남자 연예인들은 이상형을 묻는 말에 주저 없이 "글래머 여성"이라고 말한다. 영어 표현이 애매모호할 뿐이지 누구나 이 말을 들으면 저 남자가 가슴과 엉덩이 큰 여자를 좋아한다는 것을 안다. 그 경우 그건 그냥 지극히 정상적인 취향으로 인정받는다. 반면 여자 연예인이 "거기가 큰 사람이 좋다"고 한다면 한국 사회 전체가 뒤집어질 것이다. 페이스북 같은 SNS에서도 추천 게시물로 뜨는 광고 중 대부분이 화장품, 성형수술 광고다. 어느 날 하체 지방흡입술 광고에 달린 댓글을 보게 됐다. 많은 여성이 자신의 친구를 태그하며 이렇게 말했다.

"내 하체 이거 꼭 받아야 함ㅜㅜㅜ."

꼭 받아야 한다는 말이 내 가슴을 쳤다. 고등학교 친구의 친구가 서울에 올라와 하체 지방흡입술을 받은 적이 있다. 그녀는 부모님이 반대해 몰래 돈을 모아 수술을 받았는데, 수술 후 당분간 혼자 걸을 수 없다는 말에 당황했다. 친구가 그녀를 자기 집으로 데려와 며칠 동안 간호를 해 줬다. 아는 후배의 언니는 양악수술을 받은 뒤 한 달 동안 씹을 수 없어 죽만 삼켜야 했다. 성형수술 광고는 단시간에 드라마틱한 변화를 강조하지만 현실은 그렇지 않다. 몸을 개조하는 수술을 받은 뒤 그 상처가 아물 때까지 어마어마한 양의 진통제가 투여되고 끊임없는 관리가 필요하다.

여기저기 성형수술 광고

누구나 필요에 의해, 원해서 수술을 받을 수는 있다. 하지만 한국엔 성형수술 광고가 너무 많다. 아무 데나 있다. 있는 그대로 내 몸을 인정하고 받아들이기 전에 수술에 대한 정보가 먼저 들어온다. 남성은 못생기고 뚱뚱해도 '돈이 많으면' '직업이 좋으면' **예쁜 여자**를 만날 수 있다고 격려받는다. 예전에 어떤 고등학교 3학년 반훈이 "공부를 잘하면 아내 얼굴이 달라진다"여서 화제가 된 적이 있다. 이 말은 일종의 유머처럼 받아들여졌다. 남성들이 외모 콤플렉스에서 더 자유로울 수 있는 건 이런 시각이 우리 사회 기저를 이루고 있기 때문이다. 남들보다 외모가 떨어져도 열심히 공부해서, 돈 많이 벌어서, 예쁜 여자 만나 결혼하면 되지 하는 탈출구가 있는 것이다. 반면 여자는 아무리 자기 일에 성공하고 잘나가도 예쁘지 않으면 이성 관계에서 우위를 차지하지 못하는 것처럼 여겨진다. 심지어 "공부 많이 시켜 봐야 소용없어, 남자를 잘 만나야지"라는 말이 우리 어머니들 모임에서 심심찮게 나온다.

텔레비전을 켜면 더 분명해진다. 여성주의가 대두되면서 20대 여성들의 삶을 '진솔하고' '솔직하게' 다루었다는 평을 받는 드라마들이 등장했다. 주목도 받았다. 그중 한 드라마를 찾아봤다. 한 집에서 함께 살아가는 20대 여성들이 주인공인 드라마였다. 제작진이 '20대 여성들의 삶을 진솔하게' 다루기로 마음먹었다면 그녀들의 몸을 더 고려했어야 했다. 사회적으로 보통 예쁘다고 생각되는 여성들만 등장하는 드라마가 이제는 좀 지겹다. 고난을 겪는 주인공의 얼굴에 풀 메이크업이 되어 있는 것도 그만 보고 싶다. 랜덤으로 함께 살게 된 여성들의 신체 사이즈가 xs로 통일되어 있는 것은 이상하지 않은가?

취업을 고민하는 평범한 20대 대학생의 머리가 스타일리스트의 도움 없이는 결코 구현해 낼 수 없는 컬이 들어간 것인데 자연스러운가? 여자들끼리 모여 사는 공간에서 깨끗하고 아름답고 흐트러지지 않은 모습으로 생활하는 주인공들 삶이 비현실적이지는 않은가? 한 영화나 드라마에 나오는 여자들 몸이 모두 같은 사이즈를 나눠 입어도 될 만큼 천편일률적이라는 건 드라마가 아니라 판타지다.

〈오렌지〉의 성공은 스토리가 탄탄한 데다 배우들을 잘 캐스팅한 데 있다. 제작진들은 말한다. 현실의 여자들을 대변할 수 있는 배우를 캐스팅하기 위해 어마어마한 공을 들였다고. 이 드라마의 등장인물 절반은 머리를 감지 않은 채 등장한다. 외모에 신경 쓰는 캐릭터들을 제외하고는 화장도 하지 않는다. 주인공 파이퍼의 경우 교도소 내에서 당하는 고난의 강도가 셀수록 눈가의 다크서클도 깊어진다. 어떤 여자는 치아가 들쭉날쭉 튀어나와 있고, 어떤 여자는 충치로 이가 반쯤 부식되어 있다. 지나치게 마른 여자, 엄청나게 뚱뚱한 여자, 남자보다 골격이 큰 여자, 온몸은 물론 얼굴에까지 문신을 한 여자, 인종차별주의자, 컬트에 미친 정신병자, 미치광이, 섹스광, 바른 말만 하는 리버럴, 책벌레, 운동권 수녀님, 약쟁이 레즈비언, 허언증에 걸린 여자, 미혼모, 이혼녀, 살인자, 트랜스젠더…. 드라마는 이제까지 뉴스에 기사로만 등장했던 여자들을 드라마로 끌어들인다. 그리고 그들 각자에게 시청자들이 납득할 만한 서사를 부여한다. 드라마를 통해 통념은 깨어지고 편견은 산산조각 난다.

생리 공감

미디어가 변해야 한다

과거의 나와 결별하는 일은 어렵다. 결별 이후를 지켜 가는 과정도 만만치 않다. 개인의 통찰과 노력으로 자신과는 화해할 수 있어도 세상이 변하지 않으면 여전히 개인은 자신을 지키기 위해 너무 많은 것과 싸워야 한다. 교육을 통해 몸에 대한 새로운 정보를 제공하는 것도 중요하지만 미디어가 바뀌어야 한다. 〈단독! A양 터질 듯한 아찔한 가슴〉 같은 기사가 하루아침에 없어지지는 않겠지만, 적어도 주인공이 여자라는 것을 내세우거나 여성들의 현실적인 삶을 다루었다고 표방하는 영화나 드라마에서 더는 스테레오타입에 갇혀 있는 캐릭터만 등장하지 않기를 빈다.

시즌 1이 눈부시게 성공하고 올해 에미상 남우주연상까지 거머쥔 미국 NBC사의 드라마 〈디스 이즈 어스This is us〉에 케이트란 인물이 등장한다. 크리시 메츠가 연기한 케이트는 고도 비만인 30대 미혼 여성이다. 이 드라마에서 케이트는 주변부 인물이 아니다. 종종 한국 드라마에서는 '뚱뚱한 여성'(남성일 때도 있다.) 캐릭터가 주인공의 주변 인물 또는 친한 친구로 등장하지만, 이 드라마에서는 그렇지 않다. 드라마는 케이트의 서사에 깊숙이 들어간다. 그녀가 직업을 구하고, 꿈을 발견하고, 새로운 사랑을 만나고, 결혼과 임신을 거쳐 나아가는 생애사를 그린다. 케이트는 완벽하지 않다. 때로 지나치게 비관적이고 염세적이고, 때에 따라서는 균형 잡힌 자기반성과 통찰력을 갖춘 인물로도 그려진다. 무엇보다 케이트의 고민은 단순히 살을 빼는 데만

〈디스 이즈 어스〉의 한 장면. 고도 비만 여성 캐릭터가 비중 있게 등장한다.

있지 않다. 어떤 커리어를 쌓을지, 누구와 연애할지, 가족과의 관계는 어떻게 극복해야 할지, 수많은 질문과 선택지가 그녀 앞에 놓인다.

〈디스 이즈 어스〉의 페이스북 팬 페이지에서 흥미로운 사실을 발견했다. 그 어느 캐릭터보다 케이트에 대해 시청자 의견이 분분하다는 것이었다. 고도 비만 여성이 주인공으로 등장하는 드라마가 없어선지 어떤 사람들은 제작진이 고도 비만 여성을 스테레오타입으로 보여 주고 케이트를 너무 염세적인 인물로 그린 것에 불만을 표했다. 하지만 어떤 이들은 자신도 고도 비만이라 꼭 자기 이야기를 보는 것 같았다며 반겼다. 매일같이 접하는 텔레비전 매체들의 힘이 이 정도로 큰 것이다. 어느 쪽이 옳다 그르다 할 수 없지만 적어도 사람들이 이 드라마를 통해 고도 비만 여성의 삶을 들여다보게 되었다는 것은 큰 의미가 있다고 생각한다. 〈디스 이즈 어스〉는 2017년 미국인이 가장 많이 본 TV프로그램 10에 들 정도로 '국민 드라마'였다. 미국을 포함한 전 세계 시청자에게 고도 비만 여성이 비중 있는 캐릭터로 등장해도 충분히 재미있고 감동적인 이야기가 될 수 있다고 포문을 연 것이다. 그 덕분에 이후에 고도 비만 여성을 다룰 다른 작품에서는 더 기발하고 세심한 시도를 할 수 있으리라. 새로운 이야기를 찾고 있다면 이전에는 그려 내지 않았던 인물을 향해 눈을 돌려야 한다. 그곳에 이제까지 발굴된 적 없으나 태초부터 그 자리에 있어 온 보석 같은 이야기들이 있다.

선택한다는 것은
아름다운 일이다

나의 생리용품 컬렉션

✚

2016년 초반, 사람들은 내가 생리에 관한 다큐멘터리를 만든다고 하면 약간 의아한 눈빛으로 쳐다봤다. 이렇게 묻는 사람도 있었다. **그게 영화가 되겠어요?** 사실 나조차 이게 영화가 될까 하는 의문에 휩싸였다. 멘토링 프로그램에 참가하면 '멘토'들이 근엄한 표정을 지으면서 물었다. "캐릭터가 없는데요?" "중심 이야기가 뭐죠?" "엔딩이 전혀 예상이 안 되는 것 같은데?" 나는 혼란스러웠다. 흔히 말하는 인물 중심의 다큐멘터리(관찰 다큐멘터리) 문법으로는 〈피의 연대기〉를 구성할 수 없었다. 한 여성이 다양한 생리용품을 쓰면서 자기 몸을 실험하고 그 과정에서 자신과 여성의 몸을 새롭게 보게 된다! 내 안에는 완벽한 스토리가 서 있었지만 영화를 위해 누군가의 삶을 억지로 끌어들일 수는 없는 노릇이었다. 그렇게 우리 프로젝트는 1년 가까이 이야기를 이끌어 갈 중심인물 없이 흘러갔다. 그때까지 '나'는 영화에 등장하지 않았다. 내 목소리를 내레이션으로 쓸 생각도 없었다. 하지만 어느 시점이 되자 영화를 구성하는 수많은 자료와 정보, 여성들의 목소리를 꿰어 나갈 중심인물이 절실해졌다. 그렇게 나는 카메라 앞에 섰다. 예전부터 감독이 주인공으로 출연하는 영화를 보면 의문이 들었다. 도대체 어떻게 그게 가능하지? 극영화와 다큐멘터리는 어떤 면에서 같고 다르지만, 나 자신을 카메라 앞에 세운 순간 나는 그보다 더 실질적인 문제에 부딪혔다. 나를 어떻게 편집하지?

이미 정해진 대사를 놓고 연기를 하는 것과는 달랐기 때문에 결국 나는 생활 속으로 카메라를 끌어들여야 했다. 억지로 연기할 필요도 없고, 경험하지 않은 일들에 대해 말해야 하는 상황을 피하기 위해 나는 주기 때마다 이전까지 내가 사용해 보지 않은 생리용품 사용을 시도하고 그에 대한 개인적 소회를 카메라 앞에서 말하는 것으로 캐릭터로서 내 역할을 제한했다. 그리고 본격적으로 세상에 존재하는 모든 생리용품을 찾는 작업에 들어갔다. 구글에서 생리컵이나 대안 생리용품이라는 키워드를 넣고 유명한 브랜드에서부터 처음 듣는 브랜드까지 사이트를 샅샅이 뒤졌다. 그러면서 면생리대나 생리컵 이외에도 아직 우리에게 익숙하지 않은 생리용품이 다양하다는 것을 알게 됐다. 세상은 넓고 피를 처리할 아이디어는 많았다! 생리용품을 살 제작비는 없었지만 우리에겐 신용카드가 있었다. 다가올 내일을 생각하지 않고 눈에 띄는 생리용품을 발견할 때마다 카드를 긁었다. 하루가 멀다 하고 지구 반대편에서 생리용품이 날아들었다. 한번은 너무 자주 물건을 주문한 탓에 세관에서 전화가 오기도 했다. 해외배송물품에 품목이 제대로 표시되어 있지 않은데 안에 무엇이 들었느냐고 물었다.

"생리컵이에요."

"네?"

"컵이요, 컵. 실리콘으로 만든 건데 그걸로 생리혈을 받는 거예요."

전화를 건 남자 직원은 무슨 말인지 이해하지 못하겠지만 일단 알겠다는 식으로 "아, 네"라고 대답했다. 일곱 평짜리 작업실 겸 자취방에는 해외에서 온 상자가 쌓이기 시작했다. 두 달 뒤 내 카드는 정지되었다. 카드 결제 일에 돈이 없었기 때문이다. 한 달 동안 카드를 못 쓰고 독촉 전화에 시달리긴 했지만 나는 탄성이 절로 나올 만한 생리 컬렉션을 완성했다. 그간 써 본 생리용품들을 간단하게나마 소개한다.

소프트 탐폰과 소프트 컵

OX 퀴즈를 해 보자. 생리 중 삽입섹스를 하면 될까, 안 될까? 여자들이 모여서 지내면 생리가 옮을까, 안 옮을까? 생리에 관해서라면 사실로 증명된 정보보다 뜬소문이나 미신이 더 퍼져 있다. 가장 흔한 미신이 생리가 옮는다는 것이다. 여자들도 별 의심 없이 믿을 정도다. 처음 깔창 생리대 기사를 쓴 〈국민일보〉 박효진 기자는 그 전에 배구 선수였다. 당시를 떠올리며 이렇게 말했다.

"중요한 시합 앞두고 있으면 생리가 터져도 숨겨야 했어요. 생리한다는 걸 티냈다가 그게 옆 사람한테 옮기라도 하면 시합 앞두고 전부

다 생리를 하게 될 수도 있으니까요."

과거 남성들이 여성들의 생리혈에 초자연적인 힘이 있다고 믿은 탓일까. 한 여성의 생리가 다른 여성에게로 전염된다는 생각은 생리가 몸에서 흐르는 피가 아니라 어떤 영험한 기운을 가진 에너지로 취급받는 인상을 준다. 생리 동기화(배란 동기화)는 과학적으로 증명된 바 없다. 생리 중 섹스는 또 어떻게 생각했을까? 종교학자 민지 씨가 공부한 성녀 힐데가르트는 이런 기록을 남겼다.

하나님은 여성의 월경 기간에 성관계가 이루어지는 것을 원하지 않는다. 월경 기간에는 여성이 이미 출혈로 인해 고통을 받고 있고 그의 자궁이 있는 은밀한 곳hidden part이 열려 있기 때문이다. 성관계를 해서 그 여성의 생리혈이 안으로 들어온 남성의 성숙한 정액을 흘려보내 그 정자가 그 피의 흐름에서 죽는 일이 없도록 해야 한다.

성관계 목적이 임신과 출산이라면 생리 중 섹스는 불필요하고 무의미하다. 하지만 인간은 발정기(배란기)가 아니어도 섹스를 한다. 이유는 다양하다. 기분이 그래서, 심심해서, 딱히 할 일이 없어서 등등. 그렇기 때문에 생리 중이라고 해서 모두 섹스를 안 하는 것은 아니다. 오히려 생리 전에 성욕이 증가하는 여성들도 있다. 미국 CWTV 사에서 제작한 〈크레이지 엑스 걸프렌드〉는 뮤지컬 코미디 드라마다. 극 중 레베카는 고등학교 여름 캠프에서 만난 첫 사랑 조쉬의 사랑을 되찾기 위해 변호사로 성공한 뉴욕에서의 삶을 버리고 캘리포

니아의 작은 소도시 웨스트 코비나로 이사 온다. 우여곡절 끝에 조쉬와 섹스를 하게 된 레베카는 조쉬와 조쉬의 친구 그렉 사이에서 갈등한다. 때마침 레베카는 생리 때가 지났다는 사실을 알아챘다. 임신이다! 레베카는 조쉬의 아이를 임신했다고 생각하고 그게 바로 조쉬가 자신의 운명이라는 신호로 여긴다. 레베카는 조쉬를 집으로 불러 임신 사실을 알린다. 그 순간 조쉬는 얼어 버린다. 너무 놀라 눈도 껌뻑하지 않는다. 그런 조쉬를 내버려 둔 채 레베카는 갑자기 오줌이 마려워 2층 화장실로 올라간다. 잠시 뒤(이때까지도 조쉬는 움직이지 않는다.) 화장실 물 내리는 소리가 들려오고 레베카는 계단을 걸어 내려오며 조쉬에게 생리가 시작됐다고 말한다. 갑자기 조명이 빨갛게 변하고 레베카는 계단 난간을 잡고 춤을 추면서 노래를 부르기 시작한다.

"생리 섹스, 생리 섹스, 수건을 깔고 마를 때까지 생리 섹스를 즐기자~"

생리 섹스 시 기본으로 필요한 것이 수건이다. 인공지능이 세상을 지배하는 시대가 오더라도 별수 없으리라. 하지만 생리 중 섹스를 할 때 더 '깔끔하고' '편안하게' 할 수 있는 도구가 있다. 바로 소프트 탐폰과 소프트 컵이다. 두 제품 모두 제품명 앞에 '소프트'라는 수식어가 붙는다. 추측건대 질 안에 생리용품을 넣고 섹스를 하게 되면 이물감이나 통증이 느껴지리라는 의심을 덜어 주려고 그런 게 아닐까. 소프트 탐폰과 기능, 재질이 같은 배피 탐폰Bappy Tampon도 있다. 소프트 컵을 만들던 회사가 플렉스 피츠Flex Fits라는 회사에 인수되어 이제 소프트 컵을 플렉스 피츠라고 부른다. 말 그대로 소프트 탐폰은

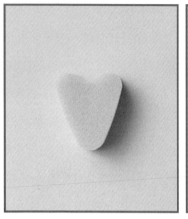

소프트 탐폰(왼쪽)과 소프트 컵(오른쪽).

탐폰이고 소프트 컵은 컵이다. 둘 다 일회용이고 착용 시 수영, 사우나, 삽입섹스를 할 수 있다. 게다가 소프트 컵은 '피임'도 할 수 있게 한다.

소프트 탐폰은 탐폰과 사용법이 비슷하지만 스트링(줄)이 없다. 탐폰 제거 시 줄을 잡아당기는 대신 하트 모양 중앙 홈으로 손가락을 끼워 제거한다. 재질이 스펀지여서 몸 안에 들어가면 질 모양에 맞게 수축된다.

소프트 탐폰과 소프트 컵은 모두 자궁경부 바로 아래까지 밀어 넣어야 한다. 자궁경부 바로 아래에서 피를 완전히 막아 낸다고 생각하면 된다. 그래서 질관vagina canal을 다 지나서 정말 가장 멀리 보낼 수 있는 데까지 밀어 넣어야 한다. 치골과 자궁경부 사이에 있는 공간이 소프트 탐폰과 소프트 컵이 들어가야 할 자리다. 그렇기 때문에 삽입섹스가 가능하다. 일반 탐폰이나 생리컵은 질관에 자리 잡기 때문에 남성 성기가 들어갈 수 없다. 종종 강연장에서 두 제품을 소개할 때 삽입섹스 시 이물감이 들지 않느냐는 질문을 받는다. 하지만 아무리 성기가 길어도 자궁경부까지는 닿을 수 없어 이물감은 들지 않는다. 소프트 탐폰이나 배피 탐폰은 스펀지이기 때문에 모양의 변형이 가능해 자궁경부 바로 아래까지 쏙 들어갈 수 있다. 소프트 컵은 생각보다 꽤 두꺼운 고무 지지대 때문에 겁을 먹을 수도 있지만 반으로 접어 입구를 뾰족하게 만들면 사실 탐폰 어플리케이터보다 더 얇아진다. 두 제품 모두 질 내부로 직선으로 밀어 넣어 질관 끝까지 가게 한 뒤 살짝 아래로 밀어 줘야 치골을 지나 자궁경부 바로 아래까지 도달할 수 있다. 그 공간에 맞게 설계된 제품들이라 이후엔 알아서 자리를 잡는다.

두 제품 모두 뺄 때가 힘들다. 생리컵은 질관에 머물러 있고 꼬리가 달려 있어서 깊숙하게 들어간 경우라도 간단한 질 수축 운동으로 꼬리를 뺄 수 있을 만큼 밀어 낼 수 있다. 탐폰은 실을 당기면 그만이다. 그런데 두 제품은 모두 손가락을 질 끝까지 밀어 넣어야 한다. 손가락에 피가 묻는 게 싫은 사람이라면 이 과정이 어려울 수도 있다. 하지만 여행 기간과 생리 주기가 겹치거나, 피를 튀기지 않고 생리 중 섹스를 즐기고 싶을 때 이런 옵션이 있다는 것도 기억해 두자. 피 묻은 수건과 침대보를 빠는 것보다 눈 한번 질끈 감고 질 안으로 손을 넣어 소프트 컵을 빼내 휴지통에 버리는 것이 훨씬 덜 번거로운 일일 수도 있다.

자궁경부 바로 아래까지 들어간 소프트 컵은 자궁에서 쏟아져 나오는 생리혈을 '막아 낸다.' 얇은 플라스틱 재질로 만들어졌는데, 밖에서 들어오는 물질이 자궁 내부로 들어가지 못하게 해 일회용 피임 기구로도 사용할 수 있다.

두 제품 다 일회용이라 매번 다시 사야 하는 번거로움이 있다. 한국에선 구매마저 쉽지 않다. 미국에서는 여러 가지 생활용품을 판매하는 드러그 스토어drug store에서 쉽게 살 수 있다. 나는 무상 생리대 이슈 촬영을 위해 뉴욕에 갔을 때 소프트 컵을 구매했다. 플렉스 피츠 본사는 한국으로 배송을 하지 않는다. 단지 생리혈을 처리할 목적이라면 쓰고 버리는 소프트 컵보다는 실리콘으로 만든 표준 생리컵을 추천한다. 경제적인 면에서도 그렇고 환경적인 면을 봐서도 그렇다. 하지만 누구에게나 생리 중에도 섹스를 하고 싶은 날이 있는 법이다. 피임약이나 콘돔을 사용하고도 왠지 불안해서 또 하나의 피임 기구를 사용하고 싶은 날도 있는 법이다. 그럴 때 선택할 수 있는 다른 옵션이 있다는 사실만으로도 위안이 된다. 그래, 언젠간 저 이상하게 생긴 물건을 써 보고 말겠어. 지금 당장은 아니겠지만.

핸드 메이드 탐폰

어려서부터 우리 집은 가난했었고, 남들 다 하는 외식 한번 한 적이 없고 어머니는 탐폰을 만들어 주셨어. 어머니는 탐폰을 만들어 주셨어….

내가 발견한 새로운 생리용품 중 가장 특별하고 진기한 물건이 핸드 메이드 탐폰이었다. 핸드 메이드 탐폰은 크게 두 가지로 나뉜다. 코바늘로 뜬 올 탐폰과 가장자리를 재봉틀로 박음질한 후 스트링을 단 면 탐폰이 그것이다. 어느 밤, 생리용품을 찾으려고 인터넷 서핑을 하고 있었다. 세상에 존재하는 생리용품은 다 찾았다고 생각했는데 그날 우연히 들른 사이트에서 난생처음 핸드 메이드 탐폰 유저의 후기를 읽게 됐다. 그리고 그 여성이 걸어 둔 링크를 타고 구매처로 들어갔다. 올 탐폰이나 면 탐폰은 직사각형으로 펼칠 수 있도록 제작된다. 생리 주기에는 그 천을 돌돌 말아 탐폰 크기로 만들어 질 안으로 집어넣는다. 어플리케이터 탐폰 사용자 편의를 고려인 것인지 내가 주문한 탐폰에는 면 탐폰을 넣고 쓸 수 있도록 플라스틱 어플리케이터도 같이 들어 있었다. 면은 피를 바로 흡수하기 때문에 피가 새지 않는다. 생리대 면적이 넓은 이유는 밖으로 흘러나오는 피가 새지 않도록 앞뒤를 다 막아 줘야 하기 때문이다. 하지만 탐폰의 경우 피가 흘러나오는 입구에서 피를 흡수하기 때문에 딱 그 길을 막을 만큼의 부피만 필요로 한다. 사실 면 탐폰은 작은 조각 천을 탐폰 크기로 돌돌 말아 질 안으로 집어넣는 형태라서 오히려 면생리대보다 만들기 쉽고 천도 훨씬 덜 든다. 가지고 다닐 때 면생리대보다 부피도 적다. 해 본 적은 없지만 손가락에 끼우고 길거리를 돌아다녀도 그게 뭔지 아무도 모를 것이다. 또한 어떤 올 탐폰은 핸드폰 고리로 사용하고 싶을 정도로 예쁘다!

유튜브에서 'How to make reusable tampon'이라고 치면 영어권

울 탐폰과 면 탐폰.

언니들이 집에서 탐폰 만드는 법을 알려 주는 동영상이 많이 나온다. 대부분 사용자는 유기농 면으로 한 주기 동안 쓸 분량을 만들었다. 생리대보다 얇고 작아서 훨씬 빨리 마르기 때문에 그날그날 빨아서 쓰면 사실 네 개 정도면 충분하다. 단추를 달거나 천을 덧댈 필요도 없다.

울이나 면 탐폰 만드는 영상을 보면서 문득 생각했다. 저소득층에서 가장 쉽게 만들어 쓸 수 있는 대안 생리용품이 어쩌면 핸드 메이드 탐폰이 아닐까? 일회용 생리대 다음으로 여성들이 가장 많이 선택하는 게 면생리대다. 하지만 면생리대는 빨고 말리는 데 꽤 큰 노동이 든다. 면 탐폰은 면생리대의 3분의 1 크기다. 두께도 훨씬 얇다. 빨아서 말리는 데 드는 시간도 절약된다. 무엇보다 일회용 탐폰을 사용했을 때처럼 생리 중에도 다양한 체육 활동이 가능하다. 샐 염려도 없

생리 공감

고, 인체에도 무해하다.

인체에 무해하고, 재사용이 가능한 탐폰으로는 해면 탐폰도 있다. 바다에서 나는 스펀지를 잘라 탐폰으로 쓰는 것이다. 해면 탐폰이라고 하면 상상이 잘 안 갈 텐데, 메이크업 베이스를 바를 때 쓰는 스펀지를 생각하면 될 것 같다. 사이즈가 큰 해면 스펀지는 세차나 샤워용으로 쓰이

해면 탐폰.

기도 한다. 해면 탐폰의 가장 큰 장점은 어떤 가공도 거치지 않은 자연산이라 인체에 무해하고, 물에 빨아서 말리면 재사용이 가능하다는 점이다. 자연산 해면은 밝은 갈색을 띠고, 표백을 한 해면은 밝은 개나리 색이다. 해면 탐폰은 적당하게 탐폰 크기로 잘라 물에 적신 뒤 질 안으로 밀어 넣어 이물감이 느껴지지 않도록 자리를 잡아 주면 된다. 고리나 스트링이 없기 때문에 손가락을 질 안으로 넣어 제거해야 한다. 사용 후 너무 세게 빨면 금방 해어진다.

나는 생리컵 사용자이지만 왠지 몸이 아프고 컵을 넣는 게 힘들 때는 면 탐폰을 쓴다. 세상은 넓고 질 안에 넣어 볼 것은 많다. 서둘러야 한다.

면생리대

인터뷰 때 생각보다 많은 여성이 첫 생리 때 일회용 생리대가 아닌 면생리대를 사용한 경험을 들려주었다. 어렸을 때 할머니와 산 녹색 병원 산부인과 전문의 윤정원 선생님도 그중 한 사람이었다. 선생님 할머니는 체육 시간에 찰흙을 가져가야 한다고 하면 직접 산에서 흙을 채취해 올 정도로 선생님을 아끼셨다고 한다. 손녀가 생리를 시작하자 할머니는 두꺼운 천으로 면생리대를 만들어 주셨다. 선생님은 원래 생리 때는 그런 천을 사용하는 줄로만 알았다.

요즘 시중에 판매되는 면생리대는 훨씬 얇고 가볍다. 빨기도 편하고 모양도 예쁘다. 사실 나는 혼자 살 때 빨래도 제때 못하고(안 하고?) 살아서 면생리대 쓰는 것이 겁이 났다. 하지만 다큐멘터리에 면생리대 사용하던 여성들의 과거와 현재를 담는 챕터가 있어 면생리대를 써 보기 시작했다. 세제는 물론 피 묻은 생리대를 담가 둘 플라스틱 통까지 함께 오는 면생리대 세트를 사는 데 10만 원이 조금 넘게 들었다. 부담스러운 가격이었는데도 면생리대를 처음 쓴 날 나는 '매우' 만족했다. 살에 닿는 느낌이 일회용 생리대와는 '완전히' 달랐기 때문이다. 순면 감촉이 어떤 느낌인지 정확히 알 수 있었다. 그제야 한번 면생리대를 사용해 본 여성들이 다시 일회용 생리대로 돌아가지 못하는 이유를 알 수 있었다. 빨아 써야 하는 고단한 과정을 기꺼이 감수하는 이유도.

일회용 생리대 중 순면 감촉을 강조하는 생리대도 많다. 하지만

생리 공감

그 어떤 것도 진짜 순면을 대신할 순 없다. 무엇보다 면생리대에는 화학 성분이 전혀 들어가지 않아 피가 변색되지 않고 냄새도 나지 않는다. 물론 여름에는 오래 차고 있으면 냄새가 나기도 한다.

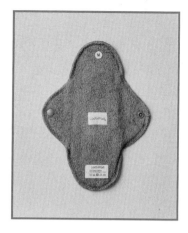

극세사 면생리대.

해외 사이트를 돌아다니면서 면생리대와 관련된 재미있는 사실을 알게 됐다. 한국의 면생리대는 살이 닿는 부분이 대개 흰색이지만 외국에서 판매되는 면생리대는 노란색, 파란색, 빨간색, 갈색, 심지어는 검은색도 있을 정도로 다양했다. 나는 미국에서 판매되는 유기농 면생리대를 주문했다. 살이 닿는 면이 갈색이었다. 그래서인지 피가 묻어도 잘 보이지 않았다. 빨 때도 얼룩이 남는 것에 대해 별로 걱정이 되지 않았다. 우리 팀 프로듀서가 주문한 생리대 중 하나는 재질이 극세사였다. 사실 착용했을 때는 손으로 만졌을 때보다 감이 좋지는 않았지만 분명 색다른 느낌이었다. 극세사 이불 위에서 엉덩이를 까고 앉아 있는 기분이랄까.

면생리대를 한번쯤 경험해 보고 싶은 사람이 있다면 오버나이트 면생리대를 착용해 보라고 권하고 싶다. 집에서만 사용하기 때문에 피 묻은 생리대를 가방에 넣고 다닐 필요가 없고, 하루에 하나만 사용하니 빨래도 줄어든다. 면생리대는 모두 손빨래를 해야 한다고 생각하지만 생리용품 전문가 브리에 따르면 꼭 그렇지만은 않다. 면생리대를 사용한 뒤 찬물에 담가 두어(뜨거운 물은 피가 천에 더 깊이 스며들게 할 수 있다.) 핏물을 어느 정도 뺀 뒤 세탁기에 다른 빨래들과 함께 돌리면 된다. 분비물이 묻은 속옷을 세탁기에 돌려 빠는 것처럼. 생리대에 생리혈 얼룩이 남는 것을 극도로 싫어하는 게 아니라면 나는 이 방법을 권한다. 손빨래의 노동에서 자유로워질 수 있고 탈수가 돼 더 빨리 마르기 때문이다.

생리 안 할 권리

✚

영화를 만들면서 알게 된 P가 이런 이야기를 들려주었다. 3년 전 갑자기 생리 양이 늘어나더니 체력도 급속도로 떨어졌다. 산부인과에 갔더니 자궁에 문제가 생겼다고 했다. P는 당시 남자친구에게 진료 결과를 말했다. 사귄 지 3년째 되는 해였고, 말은 꺼내지 않았지만 암묵적으로 둘 다 결혼을 생각하는 사이였다. 남자친구는 P의 말을 듣더니 걱정스러운 얼굴로 이렇게 말했다.

"그럼 우리 아기는 어떡해?"

P는 자기 몸 상태보다 아기를 먼저 걱정하는 남자친구 반응에 몹시 실망하고 당황했다. 당시를 회상하면서 P는 이렇게 말했다.

"우리라고 했지만 지금 생각해 보면 '내 아이는 어떡해?'라는 질문이었던 것 같아요."

다른 문제가 쌓이면서 두 사람은 결국 헤어졌지만, P는 그날 남자친구의 말이 관계에 균열을 일으킨 결정타였다고 확신했다. P는 약물치료와 식이요법을 병행하면서 점차 나아졌다. 하지만 여전히 때가 되면 생리통에 시달렸고, 같은 조건에서 공부하는 남자 대학원생들은 겪지 않아도 되는 생리통을 자신만 매번 겪어야 하는 상황이 불리하게 느껴지기도 했다. 생리가 결국 임신을 위해서 만들어지는 피라면 임신을 하지 않는 여자들은 불필요한 과정을 1년에 12번이나 겪으면서 에너지를 소진해야 하기 때문이다.

〈피의 연대기〉가 세상에 공개되고 나서 많은 질문을 받았다. 그중 내가 가장 좋아하는 질문은 이것이다.

"영화에 넣고 싶은데 넣지 못한 내용이 있나요?"

있다. 많다. 그중 영화의 최종 목적지로 생각했으나 완전히 삭제된 챕터가 있다. 생리 없는 삶이 가능할까? 이 질문을 던지고 답을 찾아가는 과정을 넣고 싶었는데, 결국 최종본에는 넣지 못했다. 샬롯과 나눈 대화가 계기가 되어 영화를 만들게 되었지만 그 대화는 어딘지 모르게 계속 나를 괴롭혔다. 그녀는 자신을 'non-period person'이라 불렀다. 생리를 하지 않는 사람이란 뜻이다. 87년생 동갑인 나와 샬롯은 가임기 여성에 속한다. 하지만 샬롯은 이미 열여덟 살 때부터 자궁 내 장치를 삽입하는 시술IUD을 받았고 시술 유효 기간 내내 피임 상태였다. 의학과 과학이 발달된 사회에서 사람들은 쉽게 수술로 자신의 신체를 개선한다. 가장 보편적인 게 라식 수술이다. 나도 3년 전 라섹 수술을 받았다. 수술 후 약 일주일 동안 지옥을 맛봤지만(친구는 그 고통을 청양고추를 갈아서 각막 위에 뿌린 다음 칫솔로 문지르는 느낌이라고 했는데 거의 정확한 표현인 것 같다.) 이제 안경을 쓰거나 렌즈를 낄 때와는 완전히 다른 삶을 살아가고 있다. 과거에 내가 안경과 렌즈를 번갈아

썼다는 사실이 전혀 기억나지 않을 만큼 다른 차원의 삶이다. IUD의 본질적인 목적은 피임이다. 하지만 내가 더는 생리를 하고 싶지 않다면? IUD 시술 후 일주일 동안 느껴야 하는 고통과 이물감을 견뎌 낸다면 IUD가 내게 라섹 수술과 같은 구원을 가져다줄까?

〈피의 연대기〉는 수많은 대안 생리대를 쓰면서 몸의 변화를 관찰하는 다큐멘터리였다. 다큐 마지막에 '생리를 하지 않을 선택지'까지 제시한다면 흥미로운 엔딩이 되리라 생각했다. 프로젝트가 진행되던 중반 즈음 나는 그 엔딩을 가지고 구성을 짜기 시작했다.

'김보람 감독은 일생일대의 결정을 내린다. 한 달 후 그녀는 생리를 하지 않는 첫 번째 달을 맞이한다.'

그리고 프로젝트 제작비를 마련하기 위해 국내외 다큐멘터리 펀딩 플랫폼에 기획안을 내기 시작했다. 내 아이디어를 들은 사람들 반응은 기대 이하였다. 어떤 사람은 내게 '개연성이 없는 센 이야기를 담고 싶어서 안달이 난 것 같다'고 말했다. 센 이야기라니요? 유럽에서는 임신을 원하지 않는 여자들이 보편적으로 받는 시술인데요? 하지만 한국 사람만 그렇게 반응한 건 아니었다. 서유럽이나 북유럽보다 상대적으로 보수적인 동유럽에서 온 카트리나는 내 이야기를 듣자마자 이렇게 말했다.

"그건 윤리적이지 않은 생각 같은데요?"

자연스럽게 흐르는 피를 멈추게 하는 것은 몸에 해를 가할 수 있고 무엇보다 임신에 영향을 줄 수 있다는 의견이었다. 세상은 넓고 사람은 다양하다. 영화를 만들면서 나를 가장 놀라게 했던 건 여성들이 자신이 속한 문화권에 따라 자기 몸에 대해 너무도 상반된 태도를 가지고 있다는 것이다. 카트리나는 멘토링 프로그램에서 만났다. 그 프로그램 안에는 프랑스에서 온 멘토도 있었다. 그 멘토는 내 아이디어에 아무런 반응이 없었다. 약간 식상해하는 것도 같았다. 그게 뭐 그렇게 대단한 일이라고 엔딩에 써요? 하는 분위기랄까.

꼭 생리를 해야 하는 걸까

그 무렵, 영국 일간지 〈가디언The Guardian〉에서 〈버자이너 디스패치Vagina Dispatch〉라는 다큐멘터리를 선보이기 시작했다(〈가디언〉에서는 단편 다큐멘터리를 꾸준히 제작, 지원한다. 작품들은 〈가디언〉 웹사이트에서 무료로 볼 수 있다.). 이 시리즈 두 번째 에피소드가 〈생리 멈추기Stopping period〉였는데, 모나Mona와 마에Mae라는 두 여성이 생리를 중단한 자기들 이야기를 중심으로 '생리를 안 해도 괜찮을까?'라는 질문에 대한 그들 나름의 답을 제시한다. 이 영상에는 IUD 시술을 받은 여성, 완경을 겪은 여성, 장애 여성이 등장한다. 덴마크 수영 선수였던 그레타 안데르센Greta Andersen도 등장한다. 1940년대 그녀는 세상에서 가장 빠르게 헤엄치는 여성이었다. 1948년 올림픽을 앞두고 생리 주기가 시합 날과 겹친다는 사실을 알게 됐다. 최고의 기량을 발휘하기 위해 그레타는 생리를 지연시키는 주사를 맞았다. 주사 안에 어떤 성분이 들어 있었는지는 모른다. 하지만 그녀는 시합 도중 기절했고 결국 시합을 포기해야 했다. 수십 년이 지났지만 그녀는 여전히 당시 상황을 떠올리면 슬픈 감정에 휩싸였다. 2016년 브라질올림픽에 출전한 중국 수영 선수 후유안휘Fu Yuanhui는 시합 직후 가졌던 인터뷰에서 고통스러운 얼굴로 생리통이 심해 기량을 발휘하지 못했다고 밝혀 이슈가 되었다. 이 인터뷰는 그야말로 전 세계로 퍼져 나갔다.

그레타의 주름진 얼굴이 좀처럼 잊히지 않는다. 1940년 당시 세상에서 최고로 빠르다고 자부했던 그녀가 말 그대로 생리 때문에 금메달을 놓친 것이다. 일생에 한 번 올까 말까 한, 올림픽 금메달을 딸 수 있는 기회가 생리 때문에 날아가다니. 어쩌면 여성들에게는 흔한 일일지 모른다. 그때 뭘 하려고 했는데, 생리 때문에 못했어. 갑자기 생리가 터지는 바람에…, 생리만 아니었어도…, 생리 때문에….

생리 휴가가 역차별이고 여성들만 누리는 특권이라고 생각하는 남성들이 간과하는 것이 있다. 여성의 성취욕도 남자만큼 강하다는 것이다. 어느 곳에나 게으르고 부당한 이득을 취하려는 사람은 있다. 그건 성별의 문제가 아니다. 생리 휴가로 부당한 이득을 취하려는 여성이 있다면 여성이라서가 아니라 그저 게으른 사람일 가능성이 크다. 수업을 빠지거나 회의에 참석하지 못하면 그만큼 불이익을 얻는다. 그걸 알기 때문에 웬만한 통증이 아니고서는 생리 휴가를 쓰지 않는다. 인터뷰에 응한 30대 여성은 생리통이 심해서 빨리 '완경(폐경)'이 오기만을 기다린다고 말했다. 누군가는 너무 고통스러워서 그냥 자궁을 떼어 내고 싶다고 했다. 누군가는 한밤중에 응급차에 실려 갔다.

〈생리 멈추기〉 영상에는 매우 흥미로운 남성이 등장한다. 브라질의 과학자이자 산부인과 전문의인 엘시마르 코티노Elsimar Coutinho 씨다. 그는 생리가 자연스러운 것이 아니라는 주장을 해 왔다. 그 근거는 대부분의 포유류가 생리를 하지 않는다는 것이다(원숭이, 박쥐 같은 예외적인 동물도 있지만). 앞에서 이야기한 것처럼 나탈리 앤지어는 인간만큼 생리혈을 많이 흘리는 포유류가 없기 때문에 이 피가 결국 인간의 '뇌'를 생성하기 위한 피일 거라고 주장한다.

또한 코티노 씨는 과거의 여성들은 현대 여성만큼 생리를 많이 하지 않았다면서, 현대의 여성들이 생리를 하지 않더라도 그게 몸에 해로운 영향을 미치지는 않으리라고 진단한다. 현대 여성처럼 생리를 자주하는 것이 자연스럽지 않다는 견해는《여성의 진화》에서도 나온다. 여성의 몸이 진화론적으로 성장과 생식 사이에서 갈등한다고 본다면, 성장 이후 여성의 몸은 어쩌면 끊임없이 생식을 위해 일하고 있는지 모른다. 하지만 현대 여성의 몸은 생식을 위해서만 일하지 않는다. 그러니 어떤 여성들에게는 배란과 생리가 불필요한 과정일지도 모른다.

〈생리 멈추기〉는 14분 정도여서 생리 없이 살아가고자 하는 여성에게 모든 정보를 깊이 제공하지는 못한다. 〈피의 연대기〉에서 '생리 하지 않는 삶'에 대해 다루지 않은 가장 큰 이유는 이 이슈가 가진 수많은 레이어 때문이다. 각 챕터가 20~30분으로 이루어져 있는데, 생리 안 할 자유에 대해 말하려면 30분으로는 턱없이 부족하다. 일단 여성의 몸에 대해 수많은 질문을 던져야 하고, 그 질문에 답을 하려면 과학자·산부인과 전문의·심리학자·사회학자 등 전문가들의 철저한 연구와 검증이 뒷받침되어야 한다.

"당분간 생리 안 해"

생리를 안 하고, 임신에서 자유로울 수 있다면 뭐든 할 수 있지! 나 또한 그렇게 생각했다. 고민 끝에 모 대학 병원 산부인과에서 임플라논 시술을 받기 위해 진료 예약을 했다. 병력과 임신 여부 등 기초적인 산부인과 질문을 통해 차트를 정리한 뒤 초음파 검사가 이루어졌고, 전문의와 상담을 하게 됐다.

"임플라논 시술을 받고 싶으시다고요?"

"네."

"피임 목적으로 받으시는 건가요?"

"그것보다는… 생리를 안 하고 싶어서요."

"통증이 심하신가요?"

"그렇다기보다…."

대화가 진행될수록 나는 일종의 혼란을 느꼈다. 내가 원하는 건 뭘까? 생리를 안 하는 삶일까? 전보다 편한 방식의 피임일까? IUD와 임플라논 중 무엇을 선택해야 할까? 임신을 원한다면 장치를 제거한 뒤 한 달 만에 가능하다고 하지만, 지속적으로 배란을 억제하면 몸에 이상이 생기는 건 아닐까? 격렬하게 움직이면 IUD 장치가 부러지거나 자궁벽을 찌르는 건 아닐까? 내가 반영구 피임술을 받은 걸 알면 부모님이 걱정하시지는 않을까? 행여 나중에 불임이 되는 건 아닐까? 머릿속에 떠오르는 질문이 너무 많아 무엇부터 물어야 할지 알수 없었다. 그 와중에 시간은 계속 갔다. 나와 함께 복도 의자에 앉아 기다리던 사람들 얼굴이 떠올랐다. 지친 듯 의자에 기대 앉아 있던 만삭의 임신부가 떠올라 나는 조금 더 생각해 보겠다는 말을 하고 자리에서 일어날 수밖에 없었다.

그렇게 해서 〈피의 연대기〉에 피 흘리지 않을 자유에 대한 이야기는 들어가지 못했다. 나 역시 여전히 고민 중이기 때문이다. 생리하지 않는 나 자신이 염려되는 것보다 내가 감당하지 못할 말을, 내 몸에 실험해 보지 않은 사실을 취재만으로 다큐멘터리에 담는 건 윤리적이지 않다고 생각했다. 하지만 여전히 그 가능성은 열어 두고 있다. 영화가 개봉되고 책도 나오면 IUD 시술을 받고 며칠 동안 누워 있어도 괜찮을 만큼 여유가 생길지 모른다. 생리컵을 사용한 이후 이전보다 훨씬 편한 생리 주기를 보내지만 여전히 (솔직히) 나는 생리가 귀찮다. 귀찮고 고된 일을 덜어내기 위해 인류는 끊임없이 도구를 발명해 왔다. IUD나 임플라논도 그런 도구 중 하나라고 생각하면 어떨까. 몇 년 안에 성취해야 할 중요한 일이 있을 때 "아, 나 일이 있어서 당분간 생리안 해"라고 '자연스럽게natural' 말할 날이 곧 올지도 모른다.

취재에 응해 준 산부인과 전문의들은 생리가 일상생활에 영향을 끼치거나 생산성을 떨어뜨린다면 산부인과 전문의와 상담해 볼 것을 권했다. IUD, 임플라논 시술 이외에도 약이나 호르몬 주사를 통해

생리 공감

양이나 통증을 조절할 수 있다. 윤정원 선생님의 친구도 지나친 통증과 너무 많은 양 때문에 고민하다 시술을 받은 뒤 '새로운 삶'을 살게 되었다. 〈생리 멈추기〉에 등장한 모든 여성도 그런 말을 했다. IUD나 다른 시술들이 가진 위험성이나 합병증이 걱정되면서도 결코 다시는 '생리하는 삶'으로 돌아갈 수 없으리라고 고백한다.

내 몸을 위한 선택들

✚

2016년 여름, 나는 아르바이트를 하던 다른 프로젝트의 촬영을 위해 뉴욕에 갔다. 마침 뉴욕에서는 무상 생리대가 핫한 이슈였고 뉴욕시에서 조만간 무상 생리대 법안이 통과될 예정이었다. 뉴욕에 간 김에 그 법안을 담당했던 사람들도 꼭 만나고 싶었다. 촬영이 끝난 후 나는 프로젝트 팀에 양해를 구하고 이틀 동안 뉴욕에 더 남기로 했다. 따로 계획은 없었다. 해당 법안을 만든 시의원과 운동가들에게 인터뷰 요청 메일을 보냈지만 답은 받지 못한 상태였다. 다행히 촬영이 끝나갈 무렵 법안 발의가 되기 전부터 무상 생리대 운동을 이끌어 온 페미니스트 활동가 제니퍼 와이즈 올프Jennifer Weiss-Wolf에게서 답이 왔다. 7월 13일 오전 9시까지 자신의 사무실로 오면 1시간 정도 시간을 내주겠다는 것이었다.

오, 신이시여. 그날은 촬영의 모든 일정이 끝나는 바로 다음 날이었다! 촬영팀을 모두 떠나보낸 뒤 나와 촬영감독은 맨해튼 한복판에 있는 YMCA에 짐을 부렸다. 이층 침대와 사람이 지나다닐 수 있는 좁

생리 공감

은 통로가 있는 하룻밤에 7만 원짜리 방이었다. 다음 날 제니퍼가 있는 뉴욕대 로스쿨 건물로 갔다. 내가 왜 지구 반대편에 있는 뉴욕까지 와서 그녀를 만나고 싶어 했는지 이유를 들은 제니퍼가 말했다.

"너 오늘… 잭팟 터진 것 같다."

제니퍼의 말을 듣기 전까지 전혀 모르고 있었는데, 그날이 바로 뉴욕시에서 무상 생리대 법안 통과를 기념하는 행사를 여는 날이었다. 뉴욕의 한 고등학교에서 법안을 발의한 모든 관계자가 모여 법안을 발표하고, 시장을 비롯한 입법자들이 법안에 사인을 하는 기념행사가 있을 예정이었다. 그 말을 듣자마자 내 심장은 터질 듯이 뛰기 시작했다. 용기를 내어 애절한 표정으로 물었다.

"나 좀 데려가 줄 수 있어?"

물론이지. 제니퍼는 바로 주최 측에 연락을 했다. 내가 제니퍼 쪽 취재 담당자로 들어갈 수 있도록 해 준 것이다.

우연한 깨달음

기념식까지 시간이 떠 나와 촬영팀은 장비를 챙겨 근처 스타벅스로 들어갔다. 테이크아웃 전문점(?)인지 매장 내 자리가 턱없이 부족했다. 할 수 없이 여러 명이 앉는 큰 테이블에 앉아 있던 노부부에게 양해를 구하고 구석에 자리를 잡았다. 아침부터 굶은 탓에 샌드위치와 커피를 시킨 뒤 자리에 앉았다. 그때 벤티 사이즈의 커피를 마시고 있던 할아버지가 우리에게 커피를 한 잔 내밀었다. 아내분이 커피 시킨 것을 모르고 또 한 잔을 시켜 남았다는 것이다. 우리는 얼떨떨한 기분으로 고맙다고 말한 뒤 커피를 받았다. 할아버지는 커피를 주고 나서도 힐끔힐끔 우리를 쳐다봤다. 장비를 잔뜩 부려 놓고 앉아 있는 우리에게 호기심이 생긴 것 같았다. 할아버지는 결국 참지 못하고 말을 걸어왔다.

"촬영팀이세요?"

우리는 그렇다고 했다. 나도 그런 할아버지에게 호기심이 생겼다. 혹시 이번에 뉴욕시에서 운영하는 공립학교와 노숙인 보호소, 시립 교도소에 생리대를 무상으로 공급하는 법안이 통과된 것을 아느냐고 물어봤다.

"그거 굉장한 소식인데요?!"

할아버지는 정말 기쁜 표정으로 감탄을 내뱉었다. 자신은 시카고 사람이고 잠깐 뉴욕에 들러 그런 일이 있는 줄 몰랐지만 정말 좋은 법안이라고 극찬했다. 곧바로 할아버지가 마음에 든 나는 우리 프로젝트에 대해 설명하기 시작했다. 우리는 한국에서 왔는데… 블라블라… 생리에 관한 다큐멘터리를 만들고 있고… 블라블라… 내 말을 들으며 고개를 끄덕이던 할아버지가 곧 눈을 반짝이기 시작했다.

"그거 알아요? 재밌네요. 나도 산부인과 의사거든요."

에? 할아버지는 주머니에서 의사 면허증을 꺼내 보이면서 자신이 산부인과 전문의라는 사실을 증명했다. 우리 옆에서 옆 테이블 젊은 이들과 이야기를 나누던 아내분이(이 부부는 카페에서 젊은 사람들과 대화

생리 공감

카페에서 우연히 만난 산부인과 전문의.
그는 생리를 할지 말지는 여성이 선택할 문제라고 했다.

나누는 게 취미인지도 모르겠다.) 갑자기 우리 쪽을 돌아보며 자신이 보증한다고 말해 주었다.

우리는 궁금한 게 너무너무 많았다! 할아버지에게 허락을 구한 뒤 카메라를 설치했다. 탐폰, 생리컵, 피임약…. 우리 질문에 할아버지는 신중하고 쉬운 언어로 답해 주었다. 마지막 질문을 할 시간이 되었다.

"생리를 안 해도 괜찮을까요? 그게 선택지가 될 수 있을까요?"

할아버지는 말했다.

생리를 안 할 수 있습니다. 약을 먹을 수도 있고, 호르몬 주사를 맞을 수도 있습니다. 비타민제 처방으로 생리 양을 줄여 나갈 수도 있습니다.

IUD나 임플라논 같은 기구를 사용할 수도 있습니다. 생리를 하지 않는 것과 건강은 연관성이 없습니다. 누구나 자신의 필요에 따라 선택할 수 있습니다. 선택할 수 있다는 것은 아름다운 일입니다.

촬영된 영상은 쓸 수 없었다. 스타벅스 내부가 너무 시끄러웠고 워낙 갑작스럽게 진행된 촬영이라 중간에 카메라 배터리가 나가는 바람에 대화 내용 중 일부가 빠지기도 했다. 촬영분을 돌려 보다 할아버지와 이야기를 나누는 나와 촬영감독의 눈시울이 붉어지는 것을 보았다. 우리는 '감동'을 받았다. 맺힌 무언가가 풀어지는 느낌이었다. **선택할 수 있다는 것은 아름다운 일이다.** 어쩌면 그것이 우리가 듣고 싶었던 말이었을지 모른다. 선택할 수 있다. 누구나 자기 몸과 필요에 맞춰 선택할 수 있어야 한다. 선택할 수 있으려면 나에게 주어진 선택지가 무엇인지 알 수 있어야 한다. 이런 정보를 쉽게 얻을 수 있는 환경이 마련되어야 한다. 선택이 가능하려면 무엇보다 가장 기본적인 필요조건이 충족되어 있어야 한다.

오직 나의 자유를 위하여

✚

노부부와 스타벅스에서 헤어진 뒤 우리는 다시 제니퍼와 합류했다. 그곳엔 위스콘신 주 하원의원이자 화장실 평등 법안을 추진 중인 멜리사 설전트와 그녀의 아들이 와 있었다. 우리는 우버를 타고 법안 통과 기념식이 열리는 브롱크스 예술고등학교로 향했다. 제니퍼와 멜리사는 미국이 무상 생리대 법안을 통과시킨 최초의 국가가 되었다며 흥분을 가라앉히지 않았다. 나와 촬영팀은 우연히 찾아온 잭팟 같은 기회 때문에 들떠 있었다. 기념식장은 수많은 기자와 촬영팀 그리고 법안을 함께 만든 사람들로 북적였다. 모두 들뜬 얼굴이었다. 질 모양의 일러스트가 그려진 에코백을 메고 나타난 페미니스트도 있었다. 기념식 시작 시간이 다 되어 가자 뉴욕시장 빌 드 블라시오가 나타났다. 우와, 뉴욕시장이다! 빌 드 블라시오는 단상 앞까지 걸어오더니 법안을 마련한 시의원과 나란히 섰다. 단상에 가장 처음 올라선건 시장이 아니라 기념식이 열리던 고등학교의 학생 마젤린이었다.

마젤린은 자신이 학교에서 겪은 당혹스러운 상황에 대한 묘사로

뉴욕 브롱크스 예술고등학교에서 진행된 무상 생리대 법안 통과 기념식.

이야기를 시작했다. 그리고 무상 생리대 제공 법안이 발의된 것에 반가움을 표했다. 마젤린이 먼저 나와 이 법안의 의미와 필요성에 대해 설명함으로써 이 법안의 주인이 누구인지를 설명했다고 생각한다. 10대 소녀이자, 학생이며, 피를 흘리는 당사자에게 가장 먼저 발언권을 준 것이 인상적이었다. 실제로 마젤린은 법안을 준비하고 검토하는 과정에도 참여해 중요한 역할을 했다. 마젤린의 이야기가 끝난 뒤 시장이 단상에 올라갔다. 시장은 마젤린의 용기에 감사를 표한 뒤 말을 이어 나갔다.

새로 시작하는 학기부터 뉴욕시 내 공립학교의 모든 학생은 생리대와 탐폰을 무상으로 공급받게 될 것입니다. 6월에는 그렇지 않았던 것이 9월에는 가능해질 겁니다. 중요한 문제인 만큼 시급한 변화가 필요하니

생리 공감

다. 이 문제는 교육은 물론 삶의 전반에 걸친 변화의 물결 중 하나입니다. 그동안 우리는 모든 뉴욕 시민의 행복과 평등을 위해 주거, 안전 등의 문제에 힘써 왔습니다. 마찬가지로 (생리대를 무상으로 공급하는 이 법안은) 시민들이 겪는 매우 기본적인 문제를 해결한 큰 발전으로 기억될 것입니다.

-2016년 7월 13일, 뉴욕시장 빌 드 블라시오

뉴욕시의 움직임은 2015년 1월에 시작되었다. 페미니스트이자 연구자인 제니퍼가 페이스북에서 뉴욕에 사는 10대 소녀 두 명이 극빈자들이 식품을 받아 가는 푸드 팬트리Food Pantry를 위해 생리용품을 모은다는 내용의 글을 본 이후였다. 평생 페미니스트로 살아온 그녀지만 저소득층 여성들이 탐폰을 사는 데 어려움을 겪으리란 생각은 하지 못했다. 한국에서도 2016년 5월 깔창 생리대 기사가 터졌다. 사실 저소득층에서 생리용품을 사기 어렵다는 기사는 과거에도 여러 번 있었다. 1년 전인 2015년 8월에만 해도 〈여성신문〉에서 안산의 다문화 가정 소녀들이 생리대 구매에 어려움을 겪는다는 기사를 보도한 적이 있다. 특히 어머니가 없는 한부모 가정의 상황은 더 심각했다. 2015년, 2016년을 기점으로 비슷한 시기에 영국에서도 생리대 문제가 대두되었다. 국가를 막론하고 사람들 반응은 한결같았다. 지금이 어느 시댄데?!

2016년 5월 박효진 기자가 아이템을 가져왔을 때 신문사 선배들의 반응도 같았다. 박 기자는 평소에 인터넷 기사 댓글을 주시했다.

2016년 4월 국내 최대 생리대 브랜드인 유한킴벌리에서 생리대 가격을 20퍼센트 인상하겠다는 뉴스가 나왔다. 그 기사 댓글에서 박 기자는 이상한 댓글들을 발견했다. 자신의 친구가 생리대 살 돈이 없어 생리 주기에 집에서 수건을 깔고 누워 지낸다는 것이었다. 처음엔 믿을 수 없었다. 집으로 돌아와 목회를 하는 남편에게 그 댓글에 대해 이야기했다. 남편은 사역을 하던 한 교회에 노숙인이 찾아온 이야기를 해 주었다. 그는 밥값을 요구하는 대신 아내가 생리 중인데 생리대 살 돈이 없다면서 생리대 살 돈을 달라고 했다는 것이다. 박 기자는 그제야 그 댓글이 사실일지 모른다고 생각했다. 연이어 비슷한 댓글이 달리기 시작했다. 한 10대 소녀가 생리대 살 돈이 없어 운동화 깔창으로 생리대를 대신한다는 것이었다. 그렇게 사소한 댓글에서 사회가 간과했던 커다란 문제를 발견한 박 기자는 오랜 세월 금기에 가려 보이지 않던 문제를 세상으로 끄집어냈다.

비슷한 시기에 캐나다, 호주, 미국, 영국 등 생리대와 탐폰에 부가가치세가 붙는 국가의 여성들이 세금 철폐 운동을 시작했다. 한국에서는 2004년 심상정 의원의 주도로 당시 다른 필수품에 붙던 부가가치세와 함께 폐지되었다. 아이러니하게도 부가가치세가 붙지 않음에도 한국의 생리대는 다른 유럽 국가들에 비해 비싸다. 독일에서는 드러그 스토어에서 한국 돈으로 1000원도 안 되는 돈에 생리대 한 팩을 살 수 있다. 샬롯을 촬영하기 위해 2017년 2월 네덜란드에 갔을 때 식재료를 사려고 마트에 들렀다가 탐폰 한 팩에 1유로(한화 약 1300원)인 것을 보고 내 눈을 의심했다. 한국에서는 한 팩에 20개인 생리대 값이 적게는 6000원에서 많게는 8000원까지 나간다.

생리대 시장을 독점하는 기업

한국의 대표 생리대 제조, 판매사인 유한킴벌리는 한국 회사인 유한
양행과 미국의 킴벌리 클라크가 합작한 회사다. 지분의 30퍼센트를
유한양행이, 나머지 70퍼센트는 킴버리 클라크가 가지고 있다. 한국
에서 가장 큰 생리대 브랜드 두 곳(유한킴벌리와 유니참)이 모두 합작 회
사다. 기술 사용료와 브랜드 사용료는 외국 기업에 지불된다. 반도체
생산 세계 1위인 나라에서 생리대 만들 기술이 없어 외국 기업에 기
술 사용료를 지불하는 것이다. 이런 문제가 2015년 유한킴벌리의 사
회 공헌도 문제와 더불어 기사화되었지만 금세 잊혔다.

광고도 생리대 가격을 부풀린다. 한국의 생리대 광고 역사를 뜯어
보면, 당대 가장 유명하고 인기 있는 여배우나 가수가 등장한다. 요즘
은 인기 있는 걸그룹 멤버다. 광고 모델료는 누가 지급할까? 고객이
지급한다. 생리대 가격에 포함된다. 유한킴벌리 생리대 '프리덤'이 한
국에 출시되었을 때 윤복희 씨가 모델을 했다. 여성학자 박이은실은
당시를 이렇게 회상했다.

그전까진 생리대를 집에서 만들어 썼는데, 이제 생리대를 사서 쓰라고
하니까 사람들이 잘 받아들이기 못했겠죠. 그래서 생리대를 광고하는

데 많은 노력을 했던 것으로 보입니다. 일회용 생리대를 쓰는 사람은 세련되고 현대적인 여성이라는 점을 강조하려고 했어요. 그러면서 유명한 배우나 가수가 생리대 광고 모델로 등장하죠.

인류 전체 역사에서 생리대를 돈을 주고 사서 쓴 역사는 민망할 정도로 짧다. 그러니 유통 과정에서 생길 수 있는 문제점이 제대로 다뤄지지 않은 것이 어쩌면 당연할지 모른다.

2017년 더불어민주당 대선 후보 경선에 나온 이재명 성남시장은 무상 생리대 공급을 공약으로 내세웠다. 이 시장은 2016년 깔창 생리대 이슈가 터졌을 때 저소득층 중심의 무상 생리대 공급을 위해 발빠르게 움직였던 지자체장 중 한 명이다. 이 공약에 바른정당 하태경 의원은 '경제를 모르고 하는 소리다. 그러면 국내 기업 다 망한다'는 요지의 글을 자신의 페이스북에 올렸다. 하태경 의원이야말로 생리대 시장을 모르는 것 같다. 엄밀히 따지면 그 기업들은 한국 기업이 아니다. 주주 배당금의 90퍼센트가 킴벌리 클라크로 들어간다. 유한킴벌리 이사 7명 중 단 1명만이 한국인이다. 한국 여성들이 흘리는 피로 인해 지도 밖의 누군가가 이익을 챙기는 것이다. 국가가 생리대 가격에 개입해야 하는 이유가 여기에 있다. 생리대는 생필품이다. 국가에서 그렇게 바라고 염원하는 출산율을 '책임지는' 피를 처리하는 비용에 관한 것이다.

한 회사의 생리대 시장 독점 문제는 이미 1980년대부터 지적되어 왔다. 하지만 30년이 넘은 지금도 별로 달라진 것이 없다. 깔창 생리대 이슈가 터지고 나서 비난의 뭇매를 맞자 유한킴벌리는 꼬리를 내리고 생리대 가격 인상을 철회했다. 그리고 좀 더 저렴한 생리대를 출시하겠다고 약속했다. 그 후 딱 1년 만에 생리대 화학물질 파동이 일어났다. 그리고 몇 달 지나지 않았지만 세상은 이미 다시 잠잠해졌다.

뉴욕시에서 실현된 무상 생리대

제니퍼는 정책으로 생리대 문제를 해결할 수 있다고 믿었다. 생리가 가진 금기를 깨고, 사람들 인식을 변화시키는 운동도 중요했지만 무엇보다 정책이 바뀌지 않으면 사각지대에 놓인 사람들 삶을 개선할 수 없다고 생각한 것이다. 그녀는 말했다.

이 법안처럼 정당을 초월한 법안이 있을까요? 일단 시작되자마자 모든 일이 거짓말처럼 쉽게 해결되었습니다. 공화당에서도 적극적인 지지를 보냈어요.

법안은 신속하게 통과되었다. 그리고 우리는 법안 통과 기념식이 열리는 현장에 있었다. 사람들은 환호하고, 흥분했다. 여기저기서 플래시를 터뜨렸다. 이어서 법안을 만든 시의원들이 차례차례 단상에 올라가 법안에 담긴 구체적인 세부 사항들을 설명했다. 시립 교도소와 노숙인 보호소 담당자도 나와 시설의 문제와 생리대 공급 방안에 대해 설명했다. 기자들은 구체적인 실행 방법과 예산을 물었다.

"교도소에서 1인당 몇 개까지 탐폰이 주어지나요?"

"브랜드는 어떻게 선정하죠?"

시장과 시의원은 끝까지 그 자리를 지키며 성실하게 질문에 대답했다. 촬영을 마치고 화장실에 들렀는데 화장실 벽에 흔히 볼 수 있는 생리대 자판기가 설치되어 있었다. 자판기 한가운데에는 'FREE 무료'라는 스티커가 붙어 있었다. 레버를 찰칵, 돌리자 기다란 탐폰이 나왔다. 화장실을 찾은 여성들은 자판기 앞에서 FREE 스티커를 손으로 가리키며 기념사진을 찍었다.

빌 드 블라시오 시장은 여성이 안전하게 피 흘릴 권리를 뉴욕시가 추구해 온 시민의 평등과 행복, 주거와 안전의 기본권과 동등한 위치에서 선포했다.

의제는 공동체가 추구하는 가치 안에서 설정하는 것이 중요하다. 이것은 특정 계층을 위한 포퓰리즘 정책이 아니라 우리 시민의 안전과 평등과 행복을 위한 법안이다. 그러니 미국의 어느 지역보다 뉴욕시에서 먼저 무상 생리대 법안이 통과된 것을 우리 모두 자랑스러워해야 한다!

뉴욕시를 위해 일하는 사람들은 새로운 법안을 따뜻하게 환대했고, 뿌듯한 감정을 감추지 않았다. 기념비적인 법안을 통과시킨 데서 오는 결속력과 성취감이 기념식 자리를 가득 채웠다.

멜리사 설전트 의원은 무상 생리대 법안을 화장실 평등을 구현하

브롱크스 예술고등학교 여자 화장실에 설치된 무상 생리대 자판기.

기 위한 첫걸음이라고 생각한다. 시에서 생리대 지원을 받는 건물에
는 화장지와 비누도 무료로 공급된다. 시민들의 위생과 안전을 위한
조치다.

"남자 화장실에는 남성들에게 필요한 모든 것이 있죠. 하지만 여자
화장실은 아니에요."

〈피의 연대기〉에 출연한 문화평론가 손희정도 인터뷰에서 이렇게
밝혔다.

남자와 여자가 적대해서 누가 무엇을 더 많이 가져갈 것이냐는 식의 접근
보다는 시민이 국가를 상대로 무엇이 시민을 위한 것인지 요구하고 시민
의 권리를 위해 싸우는 방식의 논의가 무상 생리대 논의에서 필요합니다.

미국에서는 소위 아이비리그라 불리는 명문대를 중심으로 학교 화장실에 생리대와 탐폰을 무료로 공급하는 정책이 확산되고 있다. 브라운 대학교의 경우에는 남자 화장실에도 탐폰이 무료로 비치된다. FTM Female to Male 트랜스젠더의 경우 남성으로 전환하는 과정 혹은 후에도 여전히 생리를 하기 때문에 화장실 평등권이라는 정책이 실행될 때 그들을 소외시키지 않기 위한 조치다.

누구나 약자가 될 수 있다

미국은 선진국이라서 그런 발상이 가능한 것 아니겠냐고 묻는다면 한국을 너무 얕잡아 본 평가다. 이보다 몇 년 전인 2013년 한양대 총여학생회 선거에서 화장실 기본권을 실현하기 위한 움직임이 있었다. 선거에서 당선된 '밀담'은 여자 화장실에 자판기 설치와 무상 생리대 공급을 선거 공약으로 내세웠다. 여자 화장실에 생리대 자판기가 설치되어 있지만 거의 다 무용지물인 게 사실이다. 내가 다니던 학교의 자판기도 늘 비어 있었고, 생리대가 차 있는 날도 동전이 없어 쓰지 못한 적이 많다.

'화장실에 휴지는 있는데 왜 생리대는 없죠?'

당시 밀담이 선거 운동을 벌이면서 학교 건물에 건 이 플래카드는 어마어마한 후폭풍을 몰고 왔다. 학교 포털 게시판에서 밀담을 향한 비난이 쏟아졌다. '이제 등록금으로 여자애들 생리대 사 주게 생겼다.

생리대를 공짜로 줄 거면 남자 화장실에도 면도기 자판기를 설치해라. 생리대를 사서 써야지 왜 공짜로 달라고 하냐.' 욕설이 섞인 비난도 있으나 굳이 옮기지는 않겠다. 이 갈등은 한양대 커뮤니티를 넘어 인터넷으로 퍼져 나갔다. 매체에서 기사화되기도 했다. 남초 커뮤니티에서는 무상 생리대를 요구하는 한양대 총여학생회에 '공짜'를 좋아하고 '무리한 것을 요구'한다는 프레임을 씌웠다. 비난과 논란에도 밀담은 당선됐고, 당선 이후 여러 차례 학교에 생리대 자판기 설치를 요구했다. 큰 예산은 아니었지만 번번이 거절당했다. 밀담은 포기하지 않고 새로 생긴 생리대 업체 쪽과 접촉했다. 무상으로 생리대를 비치해 두면 홍보 효과를 누릴 수 있다면서 협상을 잘해 업체에서 생리대 4000여 개를 공급받았다. 그런데도 이 공약은 말도 안 되는 정책으로 평가받았다. 남성들만 비난한 것이 아니었다. 일부 여성들도 비난했는데 그중 가장 인상적인 말은 이것이다.

'공짜로 주면 분명히 누가 다 가져갈 것이다.'

무상 생리대 공급을 주도한 밀담의 슬기 씨는 말했다.

"나는 안 그럴 건데, 다른 사람들은 부도덕적일 거라고 생각하는 것 같아요."

무상 생리대 정책이 생리대를 '공짜'로 주는 것이라고 생각하면 큰 오산이다. 공공기관이나 학교, 보호소, 교도소에 생리대를 무상으로 공급하는 방안은, 필요하지만 살 수도 구할 수도 없는 사람들을 위한 **응급** 처치다. 남성들도 이런 경우가 있을 것이다. 화장실에서 볼일을 봤는데 휴지가 없다. 당황스러울 것이다. 어떻게 처리할 방법이 없다.

우스갯소리로 신문지를 비벼서 부드럽게 만든 뒤 휴지로 사용했다고들 한다. 핸드폰으로 기사를 보는 시대에 과연 누가 가방에 신문지를 가지고 다닐까? 그리고 남성들이 간과하는 것이 있다. 똥이나 오줌은 잔여물을 닦아 내면 되지만 생리혈은 흐르는 것이다. 피를 흡수할 것이 필요하다. 피를 닦고 나면 끝이 아니라는 말이다. 무상 생리대 정책은 모든 여성에게 매달 한 팩씩 생리대를 '공짜'로 주자는 정책이 아니다. 여성들은 저마다 쓰는 생리대가 있다. 어떤 여성은 면생리대를 쓰고, 생리컵을 쓰고, 탐폰을 쓴다. A라는 여성은 A 브랜드 생리대를, B라는 여성은 B 브랜드를 선호한다. 화장실 생리대가 공짜라서 내가 쓰지 않는 생리대를 집어 올 사람은 극히 드물다.

요즘 최고의 인기를 누리는 개그맨 김생민 씨가 진행하는 팟캐스트 〈김생민의 영수증〉을 들어 보면 "휴지는 사서 쓰는 것이 아니"다. 커피숍에 비치되어 있는 휴지를 가져다 쓰면 되는 것이다. 분명 요즘은 어딜 가나 쉽게 휴지를 구할 수 있다. 그렇다고 해서 사람들이 돈이 있으면서도 휴지에 쓸 돈을 아끼려고 커피숍 휴지를 가져가지는 않는다. 〈피의 연대기〉 촬영 때 이재명 시장은 말했다.

"가끔 시청 화장실에서 휴지를 통째로 가져가시는 분들이 있어요. 그러면 그냥 가져가시도록 내버려 둡니다. 그게 얼마나 필요하면 그러셨을까 그런 생각을 해요."

도저히 생리대를 살 수 없는 형편이지만, 여러 정책에서 배제되어 저소득층이 받을 수 있는 지원도 받을 수 없는 여성을 가정해 보자. 그녀는 생리 주기 때마다 공공기관 화장실에 비치되어 있는 생리대를 필요한 만큼 가져갈 것이다. 바로 그런 필요를 충족시켜 주기 위해 공공기관이 존재하는 것이 아닐까? 신자유주의 시대에 어느 누가 자신의 경제적 지위가 언제까지나 견고하게 유지되리라 장담할 수 있을까? 나도, 우리 중 누구라도, 비록 현재는 그렇지 않더라도 언젠가 경제적으로 빈곤한 처지에 놓일 수 있다. 나이가 들고 경력이 쌓이면 벌이가 늘어나고 경제적으로 안정되리라 생각했지만, 대학교에 다니면서 과외로 돈을 벌 때보다 현재 나는 더 어렵게 살고 있다.

직장이 없고 결혼도 하지 않아 경제력이 완전히 끊긴 여성들이 분명 존재한다. 나는 다큐멘터리 영화를 만드는 프리랜서이고, 결혼을 하지 않았다. 현재 나의 부모님은 나를 먹여 살릴 수 있을 만큼의 경제력을 가지고 있지만 그들도 몇 년 안에 은퇴한다. 내 삶이 언제 어떻게 될지 누구도 장담할 수 없다. 나는 훗날 내가 도움을 받을지 모를 때를 대비해, 당장 그 도움이 필요한 여성에게 시민들 세금이 쓰이는 것에 적극적인 지지를 보낸다. 그것은 이타심 때문도, 내가 진보적인 사상을 가져서도 아니다. (내가 얼마나 보수적인 사람인지 알게 된다면 상당히 놀랄 것이다.) 불행은 누구에게나 찾아올 수 있다. 노력하지 않아서, 게을러서, 불굴의 정신으로 불행을 뚫고 나가기 위해 싸우지 않아서가 아니라 인생은 원래 그런 것이기 때문이다. 우리 사회가 나 혹은 나의 친구, 나의 부모님, 나의 가족 중 누구인가가 감당할 수 없는 위기에 처했을 때 주저하지 않고 도움을 요청할 수 있는 공동체가 되길 바란다. 그러므로 이 '지지'는 오직 나의 자유를 위한 것이다.

피여, 행운을 빈다

분비물이 늘어나면 곧 생리를 하겠구나 생각한다. 자연스럽게 지난 달과 얼마나 차이가 나는지 헤아려 본다. 정확히 혹은 거의 한 달이 지났다는 사실을 확인하고는 몸이 얼마나 성실하게 일하는지 생각하면서 놀라곤 한다.

생리 일이 가까워지면 서랍에 넣어 두었던 생리컵을 꺼낸다. 스테인리스 냄비에 물을 받아 가스레인지에 올리고 베이킹소다를 한 스푼 풀어 넣는다. 물이 끓기 시작하면 거기에 퐁당, 컵을 던진다. 물이 끓어오르며 컵이 이리저리 움직이는 모습을 한동안 지켜본다. 제조사에서는 '굳이' 생리컵을 삶지 않아도 된다고 했지만, 내겐 생리 전 컵을 삶는 일이 일종의 의식이 되었다.

생리가 시작되면 깨끗하게 씻은 컵을 꺼내 변기에 앉는다. 다리는 평소만큼 벌린다. 컵 끝을 탐폰 크기가 될 만큼 뾰족하게 접는다. 손에 힘을 주고 컵을 전체적으로 꽉 잡는다. 굳이 밑을 볼 필요는 없다. 감각에 몸을 맡길 뿐이다. 당장 선명하게 눈에 보이지는 않지만 이것은 나의 질이다. 나의 코, 입술, 팔, 다리와 같이 내 힘으로 내 마음대로 조종할 수 있는 나의 '일부'인 것이다. 컵을 밀어 넣는다. 손가락에 반지를 끼듯, 절묘하게 컵이 질근육에 딱 맞춰 들어가는 순간 질 내부는 진공 상태가 된다.

책을 쓰는 동안 세 번의 생리를 치렀다. 초경 때부터 10대를 지나 생리에 관한 다큐멘터리를 만들고 책을 쓰기까지 피를 흘리며 살아온 내 삶의 여정이 이 책에 고스란히 담겼다. 누군가에게 이토록 자세히 내 몸에 관해 이야기해 본 적이 있던가? 이것이 당신에게 어떤 의미가 될 수 있을까? 고민 끝에 솔직하게 털어놓는 것이 내가 할 수 있는 최선임을 알게 됐다.

이 책에 엄마나 친구에게도 하지 못한 이야기들을 담았다. 문장을 써 내려가고 한 챕터를 마칠 때마다 해소되지 않은 불안과 극복하지 못한 자잘한 상처들을 다시 들여다봐야 했다. 불완전한 세계에서 상처를 피해 갈 수 있는 인간은 없다. 우리가 할 수 있는 일은 오직 서로의 상처에 귀 기울이면서 위로의 방법을 찾아 나가는 것이다.

영화를 만들면서, 내 몸이 겪었던 일들과 그 과정에서 변화된 마음을 글로도 정리하고 싶었다. 때마침 내게 먼저 제안해 준 오창록 선배에게 감사의 마음을 전한다. 그가 아니었다면 나는 글을 시작할 엄두는 물론 끝낼 동기도 찾지 못했을 것이다. 두서없이 꺼낸 내 이야기를 듣고 책이 될 수 있는 지점을 발견해 준 여미숙 주간께도 감사의 마음을 전한다. 덕분에 나의 이야기가 한 권의 '책'이 될 수 있다는 용기를 얻었다.

책을 쓰게 되었다고 했을 때 누구보다 기뻐하고 자랑스러워하신 부모님 얼굴이 떠오른다. 그분들의 지원과 인내가 없었다면 내 삶에서 가장 중요한 변화의 시기였던 이 시간들을 버텨 내지 못했을 것이다. 그리고 지난 3년간 무한한 지지와 헌신으로 내가 걸어가는 길을 지탱해 준 애인에게 존경과 사랑의 마음을 전한다.

우리는 모두 이 '피'로 인해 세상에 태어났다. 앞으로도 수많은 사람이 존재의 기원인 이 피의 정체를 밝혀내고 정의할 것이다. 양이 많은 날 생리컵을 질 안으로 밀어 넣으면 종종 손톱에 빨갛게 생리혈이 묻어 나온다. 그 피를 보며 누군가는 죽음을 떠올렸지만 나는 그 피로 행운을 빌었다. 영화를 만들고 책을 쓰면서 나를 간지럽히고 설레게 했던 이상한 희망이 당신에게도 전해지길. 이 피로 행운을 빈다.

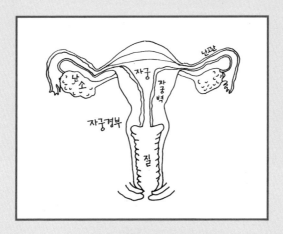

"그 많은 피를 흘리고도 우리는 살아 있다.
새삼 내 몸과 자궁이 대견했다." ⓒ임은주

생리
공감

초판 1쇄 발행   2018년 2월 9일
초판 2쇄 발행   2018년 4월 30일

지은이   김보람

펴낸곳   (주)행성비
펴낸이   임태주

기획   오창록
책임편집   여미숙
디자인   김종민
본문 사진   이승희

편집팀   박강민
마케팅팀   오창록
경영지원팀   우미정, 임하늬

출판등록번호   제313-2010-208호
주소   서울시 마포구 토정로 222 한국출판콘텐츠센터 318호
대표전화   02-326-5913
팩스   02-326-5917
이메일   hangseongb@naver.com
홈페이지   www.planetb.co.kr

ISBN 979-11-87525-69-1 03300

행성B는 독자 여러분의 참신한 기획 아이디어와 독창적인 원고를 기다리고 있습니다.
hangseongb@naver.com으로 보내 주시면 소중하게 검토하겠습니다.